BOWIEODYSSEE70

BOWIE**ODYSSEE**70

SIMON**GODDARD**

www.hannibal-verlag.de

Der Autor: Simon Goddard wurde 1971 in Cardiff geboren. Er schrieb unter anderem: *The Comeback: Elvis and the Story of the 68 Special* (Buch des Jahres in *MOJO* und *Q*) und *Ziggyology: A Brief History of Ziggy Stardust*.

Impressum

Deutsche Erstausgabe 2021
© 2021 by hannibal

Hannibal Verlag, ein Imprint der KOCH International GmbH, A-6604 Höfen
www.hannibal-verlag.de

ISBN 978-3-85445-712-1
Auch als E-Book erhältlich mit der ISBN 978-3-85445-713-8

Titel der Originalausgabe: Bowie Odyssey 70
Copyright © 2020 Omnibus Press
(A Division of the Wise Music Group)
ISBN 978-1-913172-04-6

Coverdesign: Fabrice Couillerot
Bildrecherche: Simon Goddard
Grafischer Satz in deutscher Sprache: Thomas Auer
Übersetzung: Andreas Schiffmann
Deutsches Lektorat: Dr. Rainer Schöttle
Deutsches Korrektorat: Gisela Wunderskirchner

Printed in Germany

CO_2-neutrale Produktion

MIX
Papier aus verantwortungsvollen Quellen
FSC
www.fsc.org   FSC® C083411

FÜR SYLVIA
Northern District Primary School, 1970

„Liebe Cathy, liebe Claire,

könnt ihr mir irgendwie helfen? Ich weiß einfach nicht, wer ich wirklich bin.

Anscheinend verhalte ich mich jedem Menschen gegenüber anders. Ich vermittle ständig unterschiedliche Eindrücke von mir, und das ertrage ich nicht mehr. Offensichtlich verändere ich mich andauernd. Auf eine Person wirke ich langweilig, zurückhaltend und still, auf die nächste extrovertiert und heiter, ja geradezu überschwänglich! Ich bin total durcheinander. Ob das immer so bleiben wird?"

Anonymer Brief an die Zeitschrift *Jackie*, 1970

EINS

„David Bowie trägt einen Fellmantel, einen superweißen …"

Der erste Samstag der Siebziger, und das sind die Nachrichten – nein, die *Sensationen!* Ihretwegen halten sich junge Girls gegenseitig an den Trägern ihrer Teenform-BHs zurück, um schnell acht Pennys für die aktuelle Wochenausgabe von *Mirabelle* auf den Ladentisch zu knallen und als Erste lesen zu können, was die Klatsch-und-Tratsch-Rubrik „Grapevine" über die Götter offenbaren mag. *Cilla Black lässt sich die Haare wachsen! Neil von Amen Corner hat ein Kätzchen von einem Baum gerettet!! Und David Bowie trägt einen Fellmantel!!! Einen superweißen!!!!*
Da ist er auch, auf der Rückseite. Auf einem Knie vor einem Busch in einem lavendelfarbenen Anzug, mit einer Fransentasche aus Velours an einer Schulter und schlaff herabhängenden Händen wie auf einem Gemälde von Michelangelo, die Haare glanzlos und ungepflegt, den Mund leicht geöffnet und den Unterkiefer ein wenig vorgeschoben, stirnrunzelnd, als sei er unsicher, wie er auf eine Frage antworten solle, vor die er sich vom Kameraobjektiv gestellt sieht. Dies ist noch nicht das Gesicht von jemandem, der den Starruhm genießen kann, doch mit seinem Ausdruck wird es zu einem potenziellen Mosaikteil anbetungswürdiger Niedlichkeit für Kinderzimmerwände, das man aus dem Wust der wöchentlich um Sparschwein-Kleingeld buhlenden Pop-Zeitschriften reißt oder schneidet.
„EINSIEDLER."
Größer, dünner, jugendlicher und zwei Pennys günstiger kommt die Zeitschrift *Jackie* daher, in der das neue Jahr mit „Stärkere, schnie-

kere Kerle für 1970!" eingeläutet wird. Der schnurrbärtige Barde Peter Sarstedt ist „Mann des Monats" Januar, Barry Evans aus *Aber, Herr Doktor* … der „Betthase britischer Backfische", und David Bowie gerade schnieke genug für eine halbe Seite mit einem einzelnen Wort als Überschrift in der Rubrik *Mehr heiße News!* Top-Popstar David Bowie interessiert sich sehr für Astrologie, Hypnose und Wiedergeburt; zudem plant er, nach Tibet zu reisen.

„Ich glaube, die Mönche dort verstehen die tiefgreifenden Themen genau, die mich beschäftigen", sinniert er. „Angeblich schotten sie sich wochenlang in Berghöhlen ab und essen nur alle drei Tage eine kleine Mahlzeit. Gerüchten zufolge sind einige von ihnen Jahrhunderte alt, und ich will unbedingt herausfinden, ob das stimmt."

Schneeweiße Mäntel und Fantasien von einem abgeschiedenen Dasein als 500-jähriger Höhlenmensch auf Nulldiät. Die Welt weiß wenig über David Bowie, nun, da die Sixties vorbei sind, in deren letztem Atemzug er erst zum Star geworden ist.

„Er fing mit dem Saxofon an, spielt auch Gitarre, kennt sich mit Kunst aus, beschäftigte sich mit dem Buddhismus und ist als ‚Pantomime' aufgetreten."

Alles wahr. Bloß schweigt man darüber, wie schlecht diese Auftritte waren.

„Alter 22. Schlank, blond. Ein Auge blau, das andere grau. Geboren in Brixton, London, aufgewachsen in Bromley, Kent. Er gründete ein, zwei Bands, bevor er Sänger wurde und eigene Songs schrieb. Kein Fanclub; schreibt an Philips Records, London."

Fast alles wahr. Beide Augen sind blau, doch das linke wirkt graubraun, weil er unterschiedlich große Pupillen hat: rechts ein kleiner Punkt, links eine Billardkugel. Eine bleibende Erinnerung an einen Streit, den er als Teenager mit seinem besten Freund wegen eines Mädchens hatte. Und, nein, er hat wirklich keinen Fanclub.

„Sein Vater, ‚ein kränklicher Mann aus Yorkshire', ist kürzlich gestorben, und sein Bruder, den Bowie für ein Genie hält, lebt in einer Nervenheilanstalt. [David] kümmert sich vorwiegend um seine Mutter, die er auch mit ins Studio von Top of the Pops *nimmt, um sie aufzuheitern."*

Hundertprozentig korrekt, aber das ist Penny von *Disc* ja eigentlich immer. Penny Valentine, die Hohepriesterin des Pop aus der Fleet

Street – der Straße, in der die Londoner Presse residiert –, hat die verlässlichsten Ohren, das größte Herz und den ehrlichsten Schreibstil.

„David Bowie ist ein außergewöhnliches menschliches Wesen." Zudem ist sie in ihn verliebt. Kann schnell passieren.

Liebte er ihn auch, jener kränkliche Mann aus Yorkshire? Die Frage wurde nie gestellt. Die Antwort liegt nun unter einem Rosenbeet verborgen, dessen Oberboden gefroren ist, die Erde darunter feucht mit der Asche aus dem einst lebendigen Fleisch, den Muskeln und Knochen seines Vaters darin, die man weniger als fünf Monate zuvor verstreut hat. Es gibt keine Gedenktafel, weder einen Grabstein noch ein Kreuz – nichts, was der Welt sagen würde, dass Haywood Stenton Jones, den man als „John" kannte, im Jahr des Untergangs der *Titanic* in Doncaster geboren wurde und zu der Zeit starb, als die ersten Menschen den Mond betraten. Nichts von seinem Lebenswandel, seinem Nachtclub und den Träumen im Scheinwerferlicht, die mit ihm gestorben sind, nichts über seine Verdienste beim Militär oder seinen Einsatz für die Barnardo-Kinderheime, seine beiden Frauen und zwei außerehelichen Kinder. Übrig bleiben nur ein bepflanzter Flecken Erde auf einem Friedhof in der Nähe des Krematoriums in Elmers End und die Gewissheit des Halbwaisen darüber, dass die greifbaren Überreste seines Vaters – nach dem Einbalsamieren, Einsargen, Aufbahren und Verbrennen zu Milliarden Kohlestaubpartikeln – verschwunden, aufgelöst, fortgespült oder verweht sind. Er war da, dann auf einmal nicht mehr, und wird fortan für immer weg sein. Nie können sie einander die Dinge sagen, zu deren Äußerung keiner von ihnen bereit gewesen ist. Nie gemeinsam teilhaben an allem Glück, Ruhm und Reichtum, Ehefrauen und Kindern oder Sorgen des Sohnes, der eines Tages selbst zu Asche werden wird, der da ist und dann plötzlich nicht mehr, nachdem er 46 Jahre, fünf Monate und fünf Tage auf dem trostlosen Ozean einer Welt ohne Vater verbracht hat.

Nein, nichts bleibt übrig außer den Rosen und dem Leeregefühl des Kummers in einem Reihenhaus in Bromley, nicht weit weg von den Bahnschienen und einem Pub aus viktorianischer Zeit. Es ist dieses vorletzte Haus vor der Straßenecke, mit einem Schlafzimmer nach hinten im Obergeschoss, wo David jahrelang grübelt, plant, träumt, Wünsche hegt, Musik hört, lernt, liest und schreibt, masturbiert und sich fragt, ob er dem allen je entkommen wird. Dasselbe Haus, in dem sein Vater sein Letztes aushauchte und wo das Telefon in der darauffolgenden Woche jeden Nachmittag um fünf Uhr klingelt. Er – David – ist stets derjenige, der den Anruf annimmt, nichts hört und die Stille nicht als Verbindungsstörung deutet, sondern für eine bestärkende Nachricht von Vater zu Sohn aus dem Jenseits hält: Alles wird gut. Er überlegt sich gut, wem er davon erzählt, und verschweigt es seiner trauernden Mutter, die wie zum permanenten Gedächtnis ihrer Witwenschaft weiter darin wohnt, bis sich ein Käufer findet und sie mit der Vergangenheit abschließen kann. Nachdem dies geschehen ist und das Haus in Plaistow Grove nicht mehr Familie Jones gehört, wird das ektoplasmatische Knacksen für den Fall, dass das Fünfuhrphantom die Telefonleitung je wieder besetzen sollte, für immer unverstanden bleiben.

Eine Stimme aus einer anderen Welt. Ein Unbekanntes Singobjekt, das im Winter '69 vom äußeren Rand des Radarschirms in die Charts dringt. Eine Stimme, die *nicht* aus dem Weltraum kommt, aber dort hinfliegen wird, und deren Berühmtheit vom ersten Anfang an bereits außerirdisch ist, weder von der Erde noch aus dem Himmel stammt. Der Ruhm rührt noch von einem einzelnen Song über Einsamkeit im All her, auf den sich das Ausmaß von David Bowies Bekanntheit beim ersten Glockenschlag von Big Ben im Jahr 1970 beläuft.

Die Single – seine zehnte – war im Juli '69 erschienen. Sie brauchte drei Monate, um in die Atmosphäre der Charts einzutreten, verzögert durch ein vorübergehendes Radiosendeverbot von „Space-Songs" in jenem übernervösen Mondlandungssommer, und verglimmte dann in der ersten Novemberwoche auf Rang 5 wie ein Sternschnuppenschwarm. Nur 60 Tage vor dem Ende der 60er-Jahre, gerade als alle drei Fernsehsender in Farbe empfangbar geworden waren und man die sogenannte „Stadt von morgen" am Südostufer der Themse halb fertiggestellt hatte, während der Mond mit den Abdrücken von Menschen hergestellter Silikonstiefel neben Sternen am Winterhimmel hing, deren Erforschung noch kühnere technologische Entwicklungen erforderten, und der Stanley-Kubrick-Film, der den Titel des Songs inspiriert hatte, noch durch die Kinos spukte wie Charles Dickens' Geist der zukünftigen Weihnacht, wurde Davids Hit gefeiert als elegischer Ausdruck unserer Ängste vor dem, was die 1970er-Jahre bringen mochten. „Space Oddity".

Seine Melodie wirkte traurig, aber vertraut. Penny von *Disc* brachte es in ihrer ersten Rezension treffend auf den Punkt: „Mr. Bowie hört sich wie die Bee Gees auf ihrem besten Album ,New York Mining Disaster' an." Richtig. Die Musik selbst beschrieb sie als „Kreuzung aus Moody Blues, Beatles und Simon & Garfunkel". Liebe macht blind, doch Penny war nicht taub.

„Space Oddity" handelte vom All und sollte auch entsprechend klingen – schwerelos wegen des Spiels des jungen Cellisten Paul Buckmaster, das pulsierte wie Polarlichter; futuristisch durch das Stylofon, ein spielzeugartiges Miniaturkeyboard ohne richtige Tasten, das David von einem flüchtigen Bekannten bekommen hatte und dessen schwirrender Satellitenton an die Geräusche von Strahlenpistolen oder Weltraumraketen in Zeichentrickserien denken ließ; einsam aufgrund des beunruhigenden Pathos in Davids Stimme und des kindlich schlichten Abzählreim-Texts, in dem ein Astronaut buchstäblich Mist baut und ziemlich dumm dreinschaut. Bowie und Major Toms Tragödie gelangten 1969 im selben Moment zu Ruhm. Wovon sich die Öffentlichkeit stärker angesprochen fühlte, ließ sich unmöglich bestimmen. War es der Sänger, das Lied oder die allzu glaubwürdige Geschichte eines einzelnen Astronauten, dessen Antrieb auf dem Weg zum Mond ausfällt, sodass er aufgeschmissen, ohne die Hilfe der Bodenstation, mit wachsender Verzweiflung hören muss, wie seine Notrufe immer schwächer werden? David sang „Space

Oddity" nicht als Erzähler, sondern als todgeweihte Hauptfigur, die ohnmächtig durchs Rundfenster des Schiffs auf den schwindenden hellblauen Punkt Erde starrt. Die Ballade des einsamsten Menschen im Universum.

Ein herrschaftliches Gebäude auf einer Anhöhe wie eine fette Spinne mit zweistöckigen, mehrgliedrigen Beinen an einem prachtvollen Leib, der wie ein transsylvanisches Schloss aussieht. Es wurde vor nicht ganz einem Jahrhundert für Geistesschwache eingerichtet, ein steinernes Rettungsboot der Verdammten, und besitzt ein eigenes Wappen. Ein geviertelter Kreis, darunter das lateinische Motto *Aversos compono animos*, was so viel bedeuten soll wie: „Ich beruhige gestörte Seelen". Innen das Georgskreuz über der Themse, ein angelsächsisches Kreuz, Schmetterlinge und der Äskulapstab als Symbole für Seelenheilkunde und Medizin sowie das Kreuz von Southwark, dem Einzugsbereich der Anstalt in Südlondon.

Jedes Spinnenbein enthält nach Geschlechtern getrennt unterschiedliche Stationen, die nach Wissenschaftlern, Dichtern, Malern, Schriftstellern und Angehörigen des örtlichen Adels benannt wurden: Chaucer, Dickens, Faraday, Turner, Wren und dergleichen. Man führt nur noch selten Leukotomien durch, hat es aber früher häufig getan, und es kommen weiterhin sowohl Elektroschocktherapie als auch im Bedarfsfall Zwangsjacken und Gummizellen zum Einsatz. Vorzugsweise wird aber mit chemischen Mitteln ruhiggestellt: Chlorpromazin, Imipramin, Trifluoperazin. Darum dient das Personal – männlich und weiblich, viele Schwarze und Ausländer – vornehmlich als Aufpasser für wandelnde Leichen.

Jeden Morgen stehen seine tausend oder mehr Seelen zum Frühstück auf. Männer, die sich selbst rasieren dürfen, müssen sich anstellen und darauf warten, dass ein Aufseher sie in Gemeinschaftswaschräumen einseift, wo die Wände der Duschzellen unverputzt sind und die Gucklochtüren der Toiletten an Pferdetransporter denken lassen. Sie waschen sich wie Strafgefangene und scheißen wie Tiere im Stall. Sie haben keine eigene Kleidung, sondern tragen das, was man ihnen an abgetragenem Tweed in gebleichtem Grau oder ausgewaschenem Marineblau zuteilt, wenn es im entmenschten Einheitston aus der Wäscherei zurückkommt. Die Kantine bietet Haferbrei, Pflaumen, eingelegten Fisch oder Eier mit Schinkenspeck. Den Blatttee mischt man der Einfachheit halber bereits im Kessel mit Milch und Zucker, sodass er beim Einschenken körnig ist und aussieht wie von Urin aufgeschwemmter Sand. Später am Vormittag gibt es nochmals Tee und Gebäck. Das Mittagessen beschränkt sich auf Fleisch und zwei Gemüsestücke, dazu Fruchtsaft sowie als Nachtisch eine Süßspeise und Custard, eine traditionelle Eiercreme. Im Laufe des Nachmittags werden noch einmal körniger Tee und ein Stück Kuchen gereicht, um 18 Uhr erneut Fleisch und zwei Gemüsestücke. Sie essen mechanisch, abgesehen von denjenigen mit kaputter Motorik: sabbernde Zombie-Babys mit Lätzchen, denen Mütter mit gestärkten Schürzen und wenig Geduld bei Tisch die Gesichter abreiben müssen.

Wer kann, findet täglich Arbeit in Wäscherei, Küche oder Gemüsegarten. Zum Freizeitangebot gehören Korbflechten, Kunst- und Nähunterricht, Bibelratespiele und Klassik-Abende, die von gastierenden Musikern bestritten werden. In den Aufenthaltsräumen stehen Fernseher, im großen Saal werden gelegentlich Filme gezeigt, und ein Lädchen verkauft Zigaretten. Es gibt einen Pitch-und-Putt-Platz, ein Schwimmbecken und eine sehr große gotische Kirche für alle, die sich über die zur Hemmung ihrer Dopaminrezeptoren verschriebenen Medikamente hinaus betäuben möchten. Ringsum ist das Anwesen von Wald umgeben: Wildblumen und Bäume – Buche, Holzapfel, Vogelbeere, Hasel, Stechpalme, Hartriegel, Rosskastanie, Eiche, Linde und Spitzahorn. Auf einem nicht mehr verwendeten Friedhof wispern die verwesenden Gebeine früherer Unheilbarer zur Warnung: Hütet euch vor den unentrinnbaren Fängen von „The Cane".

Auf einer nach dem Dichter und Künstler William Blake benannten Station liegt in einem Einzelbett aus Metall zwischen weiteren belegten Plätzen in einem Raum, der durch Schiebefenster mit orangen Vorhängen überwacht wird, unter einer grünen Decke der Mann, den er als „Bruder" bezeichnet. Kein Jones wie David, sondern ein Burns wie seine Mutter. Terence Guy Adair. Halbbruder Terry. Unehelich gezeugt mit einem Franzosen namens Wolf, der verschwand, ehe sein Bastard schreiend in einer Mittsommernacht zwischen den Weltkriegen entbunden wurde.

Die Armee gab ihr Bestes, um einen Mann aus dem Jungen zu machen, indem sie ihn in die Royal Air Force aufnahm und nach Übersee schickte, wo er manches zu sich nahm, das er besser nicht genommen hätte, und anderes sah, das er bereute, gesehen zu haben. Dinge, die ihm in schlimmen Wachträumen, Wein- und Schüttelkrämpfen nach Hause folgten. Dinge, derentwegen er glaubte, die Erde würde brennen und der Himmel sich öffnen, weshalb er sich tagelang in Höhlen in der Umgebung vor der Welt versteckte, bis man ihn fand, abstempelte und hierher nach Cane Hill schickte. Wo er nun mit 32 liegt, zehn Jahre älter als der Halbbruder, der ihn als Genie ansieht. Die Hälfte der Gene. Die Hälfte dessen, was er ist. Was er vielleicht mal sein wird.

Der blaue Fiat, der seinem Vater gehörte, steht in einer geschotterten Einfahrt an der Southend Road, einer Landstraße durch die Vororte nördlich des Bahnhofs Beckenham Junction. Das Haus mit der Nummer 42, ein Mitte des 19. Jahrhunderts hochgezogener Riese aus rotem Ziegelstein mit weißem Gesimse und Fachwerkgiebeln, steht separat und wirkt trostlos feudal. Seine Bauweise spiegelt eine Fülle frommer Quäker-Absichten wider, die sich dem gotischen Prunk des industriellen Wohlstands zur Mitte der viktorianischen Ära gebeugt hat. Der Name: Haddon Hall.

Im Dampfmaschinenzeitalter wohnte in dieser freiherrlichen Festung, die man für Charlotte Brontës Thornfield in *Jane Eyre* halten könnte, ein wohlhabender Kerzenhersteller aus Wandsworth, dessen Einkünfte womöglich für Dochte zum Beleuchten der zahllosen dunklen Winkel, Nischen, Ruhezimmer und Kämmerchen draufgegangen wären, wenn es keine Gaslaternen gegeben hätte. Aus der

Ferne sieht die Fassade der Westseite nach einer Kapelle aus, und die nach Osten ausgerichtete Rückseite wirkt von Nahem betrachtet nicht weniger imposant: ein Eingangsportal mit Säulen und einer Brüstung aus behauenem Stein, davor ein Landschaftsgarten mit Zierbäumen bis zu einer Hecke, die an einen Golfplatz grenzt. Sogar der Holzschuppen wurde bunt verglast. Die Kulisse mag idyllisch sein, doch das Gebäude scheint Unheil zu verkünden. Es ist wie geschaffen für Schreie mitten in der Nacht und Geistererscheinungen, ein gebrauchsfertiger Altar für Dämonenbeschwörungen, wie Dennis Wheatley oder H. P. Lovecraft sie mit zittriger Hand zu Papier gebracht haben.

Der Krieg konnte Haddon Hall nichts anhaben, nachdem es um nur wenige Meter von einem Marschflugkörper der Nazis verfehlt worden war. Das Gebäude überstand den Einschlag, doch sein Interieur fiel bald den Grillen des ehemaligen Gärtners zum Opfer. Dieser Mr. Hoy erbte das Gut und separierte es willkürlich in Einzelwohnungen. Appartement 7 nimmt als größte das gesamte Erdgeschoss inklusive Eingangssaal und einer Prachttreppe an der Hintermauer ein, die sich unter einem dreiflügeligen Arkadenfenster aus Buntglas teilt; die beiden Treppen enden auf einander gegenüberliegenden Absätzen. Einst führten sie zu den Räumlichkeiten im Obergeschoss weiter, wo jetzt auf einer Seite Mr. Adams mit seiner Familie lebt und auf der anderen Seite Mr. Charles. Eine Treppe ins Nichts, zu betreten ausschließlich für die Mieter von Apartment 7, das 14 Pfund die Woche kostet.

Die Türen im Erdgeschoss bestehen aus massiver Eiche, die Wände sind frisch gestrichen weiß und die Decken mit einem einfachen, sich wiederholenden Quäker-Muster verziert. Ohne Schuhe bekommt man kalte Füße auf den mit Nut und Feder verbundenen Bodenfliesen, die gründlich gereinigt wurden, um die Duftmarken der kürzlich mit ihren Vorbesitzern − zwei spleenigen, ältlichen Professoren − ausgezogenen 18 Katzen zu entfernen. Ein opulenter Kamin nimmt die Ecke des Saals gegenüber dem Treppenfuß ein, beiderseits gelangt man in verschiedene weitere Räume.

Beim Eintreten stößt man gleich links auf eine Küche, die früher eine Toilette war. Daran schließen sich drei Haupträume an; der größte von ihnen dient momentan tagsüber als Wohnzimmer und wird für günstige Übernachtungen vermietet. Dahinter gib es ein kleines Bad. Gegenüber reihen sich zwei große Schlafzimmer, jeweils mit Erkerfenstern: das hintere mit Blick auf Vorbau und Garten, das vordere auf die Haupteinfahrt. Diese Räume und die Personen, die darin schlafen, werden sich verändern, genauso wie ihre Farben und Gebrauchszwecke. Haddon Hall verfügt über die merkwürdige Eigenschaft, die Erinnerungen seiner Besucher zu verzerren, egal ob sie nur eine Nacht oder mehrere Monate lang bleiben. Jeder wird Zeuge eines besonderen Augenblicks der Wandlung nicht nur des Hauses selbst, sondern auch seines Hauptbewohners. Des vaterlosen Sohnes, Halbbruders eines Genies, nationalen Popstars.

„Ein großes Jahr für David Bowie."

Die „Pop-Prognose" von *Mirabelle* für 1970. Es gibt gute Gründe dafür, dass es ein solches Jahr wird, *groß* und *super* wie sein Fellmantel. Vorausgesetzt, David landet einen weiteren Riesenhit. Etwas Unerwartetes und Weltfremdes, das die Herzen der Massen kurzschließt und sie in gleicher Weise fesselt wie „Space Oddity". Etwas *Neues*. Etwas *Zeitgemäßes*.

Etwas, das dem unbegreiflichen wie unausweichlichen wilden und frischen Sound der 1970er-Jahre gerecht wird.

ZWEI

London sieht 1970 nach dem siebentägigen Silvesterkater nicht anders aus als London 1969. Die gleichen Autos und Klamotten, Alkoholgetränke und Kippen, dieselben flimmernden Leuchtreklamegötter am Piccadilly Circus mit ihren Predigten von Cinzano, Skol und Coca Cola. Andererseits bricht keine neue Ära unmittelbar auf ein Fingerschnippen um Mitternacht hin an.

Soho bumst sich stöhnend von der Dienstagnacht in den Mittwochmorgen. Es ist stets derselbe alte Zirkus, der die Stadt nie verlassen hat. Nicht die kleine Welt von Sammy Lee aus *Der Gehetzte von Soho*, sondern groß und böse für jedes nach Sex gierende Landei, das mit prall gefüllter Brieftasche in Euston Station aus dem Zug purzelt, um sich im erstbesten Etablissement mit flackerndem Rotlicht ausnehmen zu lassen. Perlenvorhänge und maltesische Schläger. Hemdfliege am Eingang, gerahmte Fotos im Fenster. Trockene Münder, die sich die Lippen beim Gaffen auf Girls lecken, die üppiger geschminkt sind als Weihnachtsgänse gestopft. Brüste wie fahle Halbmonde, die nichts mit jenen auf den Fotos draußen gemein haben und kraft des Gesetzes nicht wackeln dürfen. Live, ununterbrochen, Mitgliedschaft nicht erforderlich. Jetzt sündigen, später zahlen. *Hereinspaziert, hereinspaziert! Willkommen in Sodom und Gomorrha, London-Mitte.*

Oder hinausspaziert. Richtung Norden in die Wardour Street, vorbei am Marquee, aus dem es dumpf dröhnt, und dem Club The Ship, wo sich die Welt und ihre Narren versucht sehen, Komiker Tommy Cooper ohne seinen Fez bei einem einsamen Pint zu stören, den Gerüchen des New Shanghai nach zu einem schmalen Fußgängerweg, über dem frei vom Nebel des 19. Jahrhunderts eine viktorianische Laterne hängt. Eine Gasse, an deren Ecke ein V-Mann in einem Krimi auf einen Ermittler warten könnte, in der es neben weiteren unfeinen Freudentempeln, einem Schuster und einem Büro für Pferdewetten eine unscheinbare Tür mit leicht übersehbarer Klingel an der Mauer gibt. Zur Zeit der Industriellen Revolution verbargen sich dahinter Kupferstecher mit ihren Farben, Platten, Druckpressen und Lehrlingen, doch vor zwei Jahren erfüllten sich die Brüder Norman und Barry Sheffield einen gemeinsamen Traum und verwandelten die ehemalige Werkstatt mit zehn Tonnen Gipskarton in ein modernes Tonstudio. Sie benannten es nach einem britischen Linienflugzeug, dessen Name die geschäftliche Dreierbeziehung der beiden mit einem Fremdinvestor symbolisierte: Trident.

Die erste Gruppe, die hier einen Top-10-Hit aufnahm, war die Band von Manfred Mann. Der Text von „My Name is Jack" drehte sich um eine Hippie-Absteige in San Francisco mit dem Spitznamen „Garbo's", der sich wegen eines Plakats der einsamen Diva Greta am Empfang eingebürgert hatte. Ein paar Wochen später kamen die Beatles, die während einer Auszeit von der Abbey Road im selben Keller *na-na-na-na* sangen. Von dem Goldstaub, den sie hinter sich verstreuten, bleibt auch etwas an dem neunfachen Single-Versager David Bowie hängen: Als er im darauffolgenden Sommer mit seinem Song über Major Tom im Trident aufschlug, fand er seine Bodenstation.

Der Flugleiter, der „Space Oddity" zu einem Erfolg machte, ist ein empfindlicher Dezibel-Experte namens Gus Dudgeon. Lieder über den Weltraum, Astronauten und Raketen lassen ihn zu Hochform auflaufen; 1968 landete die Bonzo Dog Doo-Dah Band mit dem von ihm koproduzierten „I'm An Urban Spaceman" einen Top-5-Hit, und das Gleiche geschah mit „Space Oddity", nachdem er die richtige Erdatmosphärenschicht für David bestimmt hatte. Jetzt versucht Gus, mit Streicher-Arrangements im Stil von Paul Buckmaster auch bei anderen Singer-Songwritern Wunder zu wirken, darunter der rätselhafte Michael Chapman aus Yorkshire sowie ein junger Pianist aus Pinner, der Reg heißt und gerade ein erstes Album unter seinem selbst gewählten Künstlernamen „Elton John" im Trident aufnimmt. Bis Gus wieder in die Umlaufbahn eintritt, wird also gar nicht viel Zeit vergehen.

Während David die frühen Stunden des letzten Tages seines 23. Lebensjahrs im Trident verbringt, ist Gus jedoch nicht da. Heute Nacht wärmt ein anderer Hintern den Sessel hinterm Mischpult. Er gehört jemandem, der sich wie David jeden Tag im Apartment 7 des Hauses Southend Road 42 aus den Federn schält.

Tony Visconti ist ein Freund und mehr als ein Produzent. Das Universaltalent aus Brooklyn kann komponieren, spielen und singen, wenn es sein muss, Noten schreiben und arrangieren. Tony weiß, wie Musik beziehungsweise das Business funktioniert, und besitzt als 25-jähriger Ex-Heroinabhängiger eine ziemlich gute Menschenkenntnis. Mit je einem Ohr für Pop und schräges Zeug ist er professionell genug, um eine Flowerpower-Ballade mit Billy Fury anzugehen, und angemessen ausgeflippt, um sich den Wasserpfeifen-Sounds der Lewis-Carroll-Fans Boeing Duveen and the Beautiful Soup zu widmen. Mit seinem East-River-typischen Selbstbewusstsein, seinem Ansehen als Wehrdienstverweigerer, dem Surfer-Grinsen und mit Augen, die ein wenig an Mr. Spock erinnern, wird Tony zum Schwarm britischer Hippie-Chicks. Die einheimischen Bands scheinen ihn auch zu lieben. Sobald er den Mund aufmacht, vermittelt sein italoamerikanischer Akzent den ungewaschenen Hoffnungsträgern vorn im Aufnahmeraum, die New York City nie näher gekommen sind als bis zum Fernsehgerät, wenn die Zeichentrickserie *Top Cat* lief, einen Hauch von Glamour.

So war's auch bei David, als er Tony im Sommer der Liebe kennenlernte. Sie fanden beim Rauchen in Science-Fiction, Buddhismus und gegenseitiger transatlantischer Neugier gemeinsame Nenner, bevor sie überhaupt auf Musik zu sprechen kamen. Visconti hatte die Staaten gerade ohne Rückflugticket verlassen und eine glücklose Karriere in einem Beatnik-Duo mit seiner baldigen Exfrau hinter sich. Im Bürobezirk in der Oxford Street heuerte er bei einer neuen Produktionsfirma an, die Moody-Blues-Produzent Denny Cordell und Davids Verleger David Platz leiteten. Bowie hatte gerade sein Debütalbum veröffentlicht und wollte nun neue Producer für die nächste LP. Tony war begabt, eifrig und Amerikaner, wobei David nur die ersten beiden Eigenschaften suchte, doch die Herkunft besiegelte ihre Freundschaft.

Wäre Tony darauf aus gewesen, hätte er „Space Oddity" produzieren können. David fragte ihn, doch er lehnte idiotischerweise ab, also erhielt Gus den Job. Tony sagte Nein, weil er den Song „zu schnörkelhaft" fand – und das sagte jemand, der für „Jabberwock" von Boeing Duveen and the Beautiful Soup mitverantwortlich zeichnete. Nichtsdestoweniger produzierte er die restlichen Tracks des schlicht *David Bowie* betitelten zweiten Albums und spielte Bass darauf. Und weil sie jetzt zusammenwohnen, wäre er töricht, David erneut abzusagen.

Darum sitzt er heute Nacht abermals im Trident: zur Wiedergutmachung, indem er selbst auch einen Top-5-Hit für seinen Freund produziert. Er wird den neuen Session-Schlagzeuger Godfrey am Bass begleiten, der ansonsten mit der Band Gass wuscheligen Soul macht. Ihr Leadgitarrist ist ein alter Kumpel, den er und David seit etlichen Jahren kennen; Tony hat ihn eingeladen und setzt auf ihn als Schallgeheimwaffe. Die kann in diesem Fall gleichwohl jederzeit nach hinten losgehen.

Geschossen hatte Tony mit dieser Waffe bisher je zwei Top-20-Alben – beides Jugendzimmereintagsfliegen: fertig binnen einer Woche, draußen in der nächsten –, und schwächere Singles, die Plätze in den 20er- und 30er-Reihen der Charts einnahmen. Das lautmalerische „Deborah" handelte von einem Girl, das gleichzeitig wie ein Zebra, ein Hengst und eine Galeone aussieht, wohingegen „One Inch Rock" womöglich derb wirkte, aber noch weniger Sinn ergab. Dennoch strahlten der Sound dieser Stücke neben der Art und Weise, wie sie gesungen wurden, ungeachtet ihrer blumig blöden Texte eine betörende Schönheit aus, die sich scheinbar in hörbare Schwingungen übertragen hatte, als sei der trockenen Farbe einer Illustration von Arthur Rackham ein guter akustischer Geist entwichen.

Die Musik, die von zwei Personen gemacht wurde, hörte sich nach einer Gitarre an, die mit einem Paar Bongos davonlief, angefeuert mit zusätzlichen Kapriolen von Kazoo, chinesischem Gong, Fingerzimbeln und einem sogenannten Pixifon. Dies passte zur Stimme, die elfenhaft säuselnd darüber schwebte wie eine sachte Beschwörung oder ein gemurmeltes Gebet an Waldgötter des Morgen- und Abendgrauens, ständig schwankend durch unvermittelte Aufschreie, die von wild brünstigem Fieber zeugten. So ein Organ ohne jegliche Furcht vor dem Spott, den es auf sich ziehen würde, war noch nie an die Oberfläche der Populärmusik gedrungen: ein erstickter Zigeunerblues, der zusammen mit dem Wust aus Morgenland-Mystik darunter zitterte. Mehr Pop-Eskapismus ging nicht: Das war Rock 'n' Roll nach den Gemälden von Edward Burne-Jones mit Elvis als Lancelot, der einer Lady von Shalott nach der anderen Ständchen brachte, ein irres Klangrezept aus Hare Krishna, den Everly Brothers, Bilbo Beutlin, William Blake, Eddie Cochran, Edmund Spenser und eine Fünferpackung Räucherstäbchen, alles im selben Mörser zerstampft und im selben Hexenkessel gebraut. Ein Sound namens Tyrannosaurus Rex.

Tony hat vor Kurzem sein viertes Album mit dem kuriosen Duo aufgenommen, dessen eine Hälfte gerade ausgetauscht wurde. Aussehen und Name des neuen Perkussionisten sind absolut umwerfend. Mickey Finn wird die anspruchslose Aufgabe zuteil, lässig mit flachen Händen auf zwei Congas zu klopfen, das Übrige tut dann das Gesicht eines Sexgottes, das auf dem Hals sitzt wie eine klassische Büste auf einem Sockel in einer Galerie. Wegen Gesichtern dieser Art haben die Brontë-Schwester Romane über Frauen geschrieben, die wie sie selbst waren: getrieben zu undenkbaren Extremen irrationalen Verhaltens aus Liebe zu einem solchen Antlitz – romantisch im Sinne Byrons, freibeuterisch und der Tatsache gewiss, mit Wonne Unzucht begehen zu können. Dabei ist Mickey nur Tyrannosaurus Rex' Schatten.

Das Licht der Band, ihr Nahaufnahmen mit Zoom würdiges, völlig ebenmäßiges Konterfei, ihr schalkhaftes Lächeln, das Schulmädchen in Ohnmacht fallen lässt, ihre Roma-Locken und Dandy-Wimpern, ihr bebendes Zwerchfell und Fantasy-Hirn, ihr großstädtischer Mod-Wolf im Provinzhippie-Schafspelz ist ebenfalls Tonys Freund und die Geheimwaffe, die er ins Trident gebeten hat. Ein Sänger und nicht ganz neun Monate jünger als David, geboren im selben Jahr in derselben Stadt, bloß am anderen Flussufer. Nicht minder talentiert und mit genauso hohen, vielleicht sogar höheren Ambitionen. Und so wie David nicht mit dem Namen Bowie, sondern als Jones zur Welt kam, dachte Mark Feld, die Welt sei seinem Genie eher gewogen, wenn es sich Marc Bolan nennen würde.

Zwei Unikate, geboren unter gegensätzlichen Rock'n'Roll-Sternen – David an Elvis Presleys Geburtstag, Marc an James Deans Todestag. Die Faktoren Ort, Alter und Interessen rückten sie während Sohos Blütezeit in den 1960ern ins Magnetfeld des jeweils anderen, sodass sie einander in Clubs und Caféhäusern umkreisten: beide Klinkenputzer auf der Tin Pan Alley, wo sie sich immerzu auf der Jagd nach demselben Traum von Erfolg als Sänger begegneten. Sie waren Spiegelbilder füreinander, beide von unendlicher Ausdauer, ließen sich nicht von ständigen Misserfolgen beirren, sondern erfanden ihre Identitäten immer wieder neu in ungeduldigen Metamorphosen zwischen Blueser, Mod und Folk-Barde. Sie waren Schwämme, einer wie der andere, bloß dass sie sich unterschiedlich ausdrückten. David rastlos, stürmisch, frühreif und nicht sicher, ob er sich der Pop-Welt oder dem Theater hingeben sollte, weil sich seine durchdringende Stimme eventuell besser eignete, um die vermögende Oberschicht unter Scheinwerfern und Feuerschutzvorhängen zu bezaubern. Marc klug und gerissen, den Blick entschieden auf die Rock'n'Roll-Herrlichkeit am fernen Horizont gerichtet, gleichgültig gegenüber bösen Vorzeichen, die darauf hindeuten mochten, dass er es nicht schaffte. David war von Natur aus ein Beobachter, Anstifter, Kopist, Schauspieler und Aufnehmer, der die besondere Fähigkeit und den Drang besaß, von einem Tag auf den nächsten alles zu werden, was er sein wollte. Marc hingegen wusste von jeher, dass er unabhängig von seiner Frisur, Hose oder musikalischen Ausrichtung auf der Erde weilte, um Rockstar zu werden. David lernte und machte; Marc *war* einfach nur.

Beide hatten das Ende der Sechziger für sich absehen können. David als früheres Mitglied von The Manish Boys, The Lower Third und The Riot Squad, Marc als Einzelhändler in Sachen Hippie-Pampe und Ex-Musiker von John's Children. Niemand nahm sie zur Kenntnis. Wie durch Gedankenübertragung flohen sie jeweils in ihre Fantasie, wo sich David mit Kobolden amüsierte und Marc auf Dinosaurier verlagerte. Tyrannosaurus Rex suggerierte bedeutungsschwangere, wüste Musik, keine Mantras im Schneidersitz oder Ringelpieze, weil er neuerdings einen Narren an *Der Herr der Ringe* gefressen hatte. Er erklärte für gewöhnlich, er habe den Namen gewählt, um an jene Geschöpfe zu erinnern, die einst auf dieser Welt lebten und so atemberaubend wie anmutig waren, dass man sich lächerlich machte, wenn man nicht an Drachen glaubte. Tyrannosaurus Rex machten Dino-Dance für Märchenfans.

Tony hatte sie in einem stickigen Keller in der Tottenham Court Road entdeckt, wo sie vor einem kleinen verzückten Haufen Stinker auftraten, die alle auf Sitzkissen hockten und ihre Haare herumwarfen. Nachdem sie als Hippie-Spaß-Act einen Plattenvertrag erhalten hatten, spielten sie ihr erstes Album für ein paar Hundert Pfund in vier Tagen ein. Die Erwartung war so gering wie der Titel lang: *My People Were Fair and Had Sky in Their Hair … But Now They're Content to Wear Stars on Their Brows*. Es sprang frech auf Platz 15 der Charts. In weniger als einem Jahr folgten zwei weitere LPs, deren letzte – *Unicorn* – den zwölften Rang schaffte. Marc war nun nicht unbedingt ein Popstar, aber er schwamm im Underground ganz oben.

David drohte immer noch irgendwo darunter zu versinken. Die Schildkröte aus Bromley war außerstande, mit dem Hasen aus Hackney Schritt zu halten. Der Freund in Marc half seinem alten Tin-Pan-Gefährten, soweit es seine dünne Haut zuließ. Nachdem Bowie mit seiner gefürchteten „Pantomime" begonnen hatte, lud Bolan ihn als Support für eine Tyrannosaurus-Rex-Tour ein, damit Hunderte seine reizlosen Luftnummern ausbuhten. Als Tony Marc bat, im Studio für David Hintergrundgesang mit einem kümmerlichen Chor aufzunehmen, war er vergnügt johlend am Start, kicherte und mimte, am Mikro Pirouetten drehend, die Temptations. Hier sprechen wir allerdings vom September 1969; damals galt Marc etwas im Underground und David nichts im Niemandsland. Bis „Space Oddity" in die Charts stieg. Scheiße, tat das weh ...

Und zwar deshalb, weil Davids Single in die Top 5 gelangte und Marcs jüngste nicht einmal an den Top 40 gekratzt hatte. Schmerzhaft war außerdem, dass Marc beim Hören des Songs jedes Mal auf das Stylofon gestoßen wurde, dessen mechanischer, gehässig grausamer Klang ihn daran erinnerte, dass er selbst der Riesentrottel war, der David das Instrument in einem ungewöhnlichen Anflug von Selbstlosigkeit geschenkt hatte. Am ärgsten schmerzte jedoch die Tatsache, dass David nun unwiderruflich ein Popstar war. Die Titelseite von *Disc*. Poster in *Jackie*. Auftritte bei Tony Blackburn im Frühstücksfernsehen. *Top of the Pops*. Und Marc war's nicht.

Heute Abend ist er immer noch keiner. Trotzdem steht er im Trident, anderthalb Meter groß in seinen grünen Damenschuhen von Chaussures Ravel. Seiner Auffassung nach ist er schon ein Superstar. In ihren Augen auch.

Denn wohin Marc geht, geht auch sie.

Sie ist im vergangenen September hier gewesen, ein Mitglied jenes kümmerlichen Chors für David. Sie ist Marcs Managerin, Fahrerin, Promoterin, Aufpasserin, Betreuerin und künftige Ehefrau. Er umschreibt sie gerne mit „weißer Stern, schwierig und fern", „schleichend' Gefühl, astrales Gewühl" oder als „dazu bestimmt, mein Einhorn zu sein". Sogar ihr Name liest sich wie einer seiner Songtitel. June Child.

Sie ist vier Jahre älter als er, aufgeweckt, durchsetzungsstark und eigensinnig, hat einen pflegeleichten, unauffälligen Strubbelkopf und sinnlichen Blick, der verführen oder so schnell vernichten kann, wie ein Fallbeil niedersaust. Ihren Augen entgeht nichts. Es sind diejenigen einer Frau, die viel gesehen und getan hat, die noch mehr tun will; Augen, mit denen sie Syd Barrett und Eric Clapton abblitzen ließ, ehe sie sich schließlich bei einer Schüssel Müsli auf Marc fixierte. Sie wussten schon nach wenigen Löffeln, dass sie einander liebten.

Ihr Zuhause war kurzzeitig eine Matratze im Laderaum eines Kleinbusses am Wimbledon Common. Jetzt ist es eine Obergeschoss-wohnung im Hippie-Ghetto nahe der Portobello Road, von wo aus man auf dem Weg zum Dog Shop einen Bong durchziehen kann und sich in der Zeit, die man braucht, um das Redaktionsbüro von *Friends* zu erreichen, einen Joint gedreht hat. Allseits sieht man orientalische Sänger und Einwanderer aus der Karibik, geeint in ihrer Abscheu vor dem Gesetz. Blenheim Crescent ist typisch Notting Hill: kaputte Kinderwagen in den Eingängen, der Duft von herzhaftem Essen, abblätternder Putz in dem Treppenhaus, das zum hoch gelegenen Refugium der beiden hinaufführt. Teppiche, Kissen und leuchtend blau gestrichene Wände. Unmengen von Büchern, zig Bände über griechische Mythologie, englische Folklore, William Blake, Arthur Machen, Khalil Gibran, übersinnliche Erzählungen und J. R. R. Tolkien. Auf dem Kaminsims eine Deko-Figur des Gottes Pan, den Marc „Poon" [Punze] nennt und oft um einen Gefallen bittet. Ein Plattenspieler und gestapelt das schwarze Gold Londons, Coral und RCA Victor. Schals aus Satin und Damenschuhe, flauschige Mäntel und Ledertaschen. Akustik- und E-Gitarren, eine billige Orgel und ein Tonbandgerät in einem Kabuff – den „Toadstool Studios" –, wo Schwarz-weiß-Poster von Eric Clapton und Jimi Hendrix hängen. Zudem ein Turm aus Notizblöcken mit Punkten auf der Klappe, gekauft zu einem Spottpreis bei Woolworth und voller Gedichte, Songideen oder Geschichten in Marcs krakeliger Legastheniker-Klaue.

So sieht es in ihrem kleinen Bruchtal im Postleitzahlbezirk W11 aus, wenn sie kurz nach Mitternacht aufbrechen und leise in den AC Aceca steigen, der vorm Gebäude steht. June fährt los, biegt nach

Süden auf die Ladbroke Grove ein und steuert die Innenstadt im Osten an. Marc auf dem Beifahrersitz, seine Gitarre hinter ihnen und ein Gerumpel aus dem Kofferraum, das klingt, als ob es Bedenken bezüglich ihres Reiseziels vorbringen wollte.

Während sich Marc und June durch den Verkehr kämpfen, der nach Ende aller Veranstaltungen in der Stadt aufgekommen ist, macht sich ein weiterer unvorhergesehener Besucher unter Sohos flüchtigen Blicken zu Fuß auf zum Trident. Er hat den Abend im Talk of the Town verbracht, um sich einen anderen seiner Schützlinge anzusehen, den amerikanischen Jazzsänger und Bandleader Billy Eckstine. Deshalb wäre es unhöflich, auf dem Nachhauseweg nicht vorbeizuschauen. Um zu sehen, wie's bei seinem Jungen so lief. David mag nämlich ein junger Mann und ab morgen 23 sein, wird aber für Kenneth Pitt, der 47 ist, immer „sein Junge" bleiben.

Das ist er schon dreieinhalb Jahre, also seit seiner Verwandlung von David Jones zu David Bowie, woraufhin Ken sein Manager, Geldgeber, Beschützer, Agent, Fürsprecher, Erzieher, Onkel, Anstandswauwau und Ausputzer wurde. Die feine Gesellschaft würde Ken errötend einen Junggesellen nennen. Erstauflagen von Oscar Wildes Werken und ein Teddybär mit dem Kosenamen Bobby. Anzug, Hemd und Krawatte, ausdünnende rötliche Haare, Hornbrille sowie eine Lunge, die vornehmlich Luft von Antiquariaten, Kunstgalerien und Nachmittagskonzerten geatmet hat, während sein Hintern am glücklichsten ist, wenn er ihn aufs Samtpolster eines Erstreihenplatzes auf dem Balkon im London Palladium pflanzen kann. Das ist Ken.

Es gibt wenig, was er noch nicht für David getan hat, und noch weniger, was er nicht für ihn tun würde. Ken ist derjenige, der vor vier Jahren mit dem unverpackten Azetat des noch unveröffentlichten Debütalbums einer Gruppe namens The Velvet Underground aus Amerika zurückkehrte, dessen weißes Label Künstler Andy Warhol signiert hatte, ihr Mentor. Was aus den Rillen drang, war für David wie ein Elektronikbaukasten mit Anleitung zum Neuverdrahten seines musikalischen Gehirns. Ken schrieb auch die Liner Notes für Davids Einstand von 1967, wobei er bezüglich des umsichtigen Songwritings von einem „flinken Adler" sprach, der sich so schnell bewege, dass „alles, was er gemacht hat, zwei Jahre zu früh kam", und finanzierte persönlich einen halbstündigen Film, der den Künstler international vorstellen sollte. Er wurde zwar nicht veröffentlicht, regte aber die Entstehung von „Space Oddity" an. Des Weiteren verköstigte er David, entwöhnte ihn und klapperte die ganze Shaftesbury Avenue mit ihm ab, wandelte in unzähligen Verträgen manche Klauseln zu Davids Gunsten oder strich sie ganz, brachte zusätzliche Gelder auf und streckte aus eigener Tasche vor, ohne je etwas zurückzubekommen. Was David im Gegenzug für ihn getan hat, weiß niemand außer Bobby und den anderen stummen Einrichtungsgegenständen in Kens Wohnung in der Manchester Street, wo auch der Sänger einmal logierte und wohin er regelmäßig zurückkehrte – wenn es geschäftlich nötig war oder auch zum Vergnügen. Ebendies machte ihn zu „seinem" Jungen.

Von dem Jungen fehlt jede Spur, als Ken ankommt. Nachdem die elektrische Türöffnung betätigt wurde, tritt er aus der Gasse ein und geht sofort in den Kontrollraum, der mit Latten vertäfelt ist wie eine skandinavische Sauna. Tony bedient das Mischpult, einen Edelstahl-Monolithen aus Knöpfen, Dreh- und Schiebereglern mit dem aufregenden Charme eines Warp-Antriebs und schmucker Teak-Verkleidung. Ken grüßt ihn mit einem verhaltenen Lächeln, das sein Misstrauen kaum verhehlt. Er selbst brachte Tony vor drei Jahren ins Spiel, als David einen neuen Producer suchte – eine Entscheidung, die Ken seither mit zunehmendem Verdruss bereut. Er mag Tony nicht. Weder sein gutes Aussehen noch seine legere Art oder die New Yorker „Kenn ich alles schon"-Arroganz, genauso wenig seinen Akzent, der aufdringlich ist wie Hupkonzerte auf einer verstopften Fifth Avenue, und seine schrille Ausdrucksweise, von wegen „Asche", „Fluppe" oder „Mensch, Alter". Am meisten missfällt ihm, wie Tony jene Eigenschaften von David bestärkt, die Ken am wenigsten versteht; es hat mit langen Haaren, lauten Boxen, schummrigem Licht und dem bunten Wolkenkuckucksheim des Kensington Market zu tun.

Die Frau, die neben Tony sitzt, ist quasi aus dem gleichen Hanfstoff gestrickt. Ken ist June nie zuvor begegnet, kennt aber ihresgleichen. Aufwendige Ringe, Kleider aus Brokat – ein Hippie-Teufelsweib von der Sorte, die Knaben wie David womöglich attraktiv finden. Oh nein. *Hat er etwa …?* Kens schlimmste Befürchtungen wallen auf, bis June etwas über Marc zu Tony sagt. Es ist ihr Tonfall. Kuschelig. „Marc." *Ihr* Junge. Rätsel gelöst.

Ken entspannt sich. Er zwingt sich zu einem Lächeln für June. Genauso gezwungen lächelt sie zurück. Die Schöne aus der King's Road durchschaut das Biest von der Savile Row. Emissäre untereinander. Ihre Pupillen weiten sich. Regenbogenhäute zucken.

June schlägt zuerst zu: „Du bist Davids Mr. Zehnprozent, nicht wahr?"

Ken hadert mit dem Konter. „Für *so* wenig bin ich nicht zu kriegen!"

June grinst, ein Wimpernschlag, und der nächste Kopf rollt in ihren Korb.

In dem knapp 20 Meter langen Keller unter ihnen hört Bowie umgeben von geschliffenen Korkplatten, Schallabsorbern, Teppichboden, und sehr, sehr viel Holz nichts. Er sieht nur durch den schmalen Fensterschlitz, wie Kens Flanellhose schlackert, als dieser vom Boden des Kontrollraums nach ihm schaut. Er ist also da. David stöhnt leise.

Nicht dass er etwas gegen Ken hätte. Vielleicht liebt er ihn sogar in gleicher Weise, wie eine Katze das Geräusch einer Kühlschranktür beim Öffnen liebt. Es ist aber kalte Liebe, die auf einer Erinnerung beruht, so ähnlich wie ein Jahre altes Foto eines Paars in warmen Farben, die im Sonnenlicht verblasst sind. David weiß, dass er das Bild im Rahmen austauschen muss, bloß hat er keine Ahnung, wie er es Ken beibringen soll. Der Arme. *Es liegt nicht an dir, sondern an mir.* Er redet sich zwar ein, dass Ken keine Schuld trägt, doch das tut Ken sehr wohl. Ken, der immer nur mit dem Talk of the Town, aber nie mit *Top of the Pops* in Verbindung gebracht wird – die Theaterkasse für den Geist, ein geworfener Blumenstrauß fürs Gemüt.

David sollte hinaufgehen und mit ihm sprechen, bleibt jedoch unten, wo Marc jetzt mit einer weißen Stratocaster parat steht, die mit einer eigenartigen Emaille-Träne verziert ist. Er zeigt aufs Fenster. Ein „Okay". Das Band läuft. David hört sich selbst – seine zwölfsaitige Hagström –, Tony am Bass und den Gass-Schlagzeuger. Kratzgeräusche von Marc. Musik erklingt.

Er hat zwei Songs zum Aufnehmen ausgesucht und hofft, dass einer stark genug ist, um an „Space Oddity" anzuknüpfen. Beide sind Liebeslieder: eins an eine Person, das andere an eine Stadt.

Der Personensong heißt „The Prettiest Star" – Star auf der Mattscheibe, nicht am Himmel. Die Melodie ist lieblich, der Rhythmus lädt zum Schunkeln ein, die Lyrics sind wehmütig und ein bisschen weinerlich. Nach einem Hit klingt das aber nicht.

Der Stadtsong „London Bye Ta-Ta" hat zwei Jahre auf dem Buckel und schmeckt auch nach Jahrgang '68: Cockney-Lautmalerei in entfernter Verwandtschaft zum blütenweißen Geklimper der Small Faces in „Lazy Sunday". Der Text handelt angeblich von Einwanderern, die sich nur schwerlich als Rädchen in die gewaltige Maschinerie der Metropole fügen, betrifft aber in Wirklichkeit Davids eigene tiefe Identitätskrise. Die eines Jungen aus Brixton, der mit sechs Jahren aus dem vorstädtischen Kent gestoßen wurde, ein Verbannter in einer fernen Galaxie am Ende einer 16 Kilometer langen Bahnstrecke.

„London Bye Ta-Ta" klingt auch nicht nach einem Hit, sondern bloß wie das Titellied einer imaginären Sitcom mit einem der Darsteller aus *The Likely Lads* in der Hauptrolle.

Montag
9.30 Uhr London By Ta-Ta
mit Rodney Bewes
Comedy. Ein junger Mann aus dem Norden zieht nach London und fragt sich, wie lange er dort überleben mag.
PRODUZIERT VON THAMES TELEVISION

Obwohl sie bereits existiert.

Montag

9.30 Uhr Dear Mother ... Love Albert

mit Rodney Bewes

Comedy. Ein junger Mann aus dem Norden zieht nach London und fragt sich, wie lange er dort überleben mag.

PRODUZIERT VON THAMES TELEVISION

Das Titellied von *Dear Mother ... Love Albert* auf ITV singt Bewes selbst, der auch den Text geschrieben hat; es ist weder besser noch schlechter als „London Bye Ta-Ta".

Das sind die beiden Gewänder, die Marc mit Fender-Goldfäden besticken soll. In der Ode an die Hauptstadt doppelt er lediglich die Hauptmelodie und schiebt schiefe Wah-Wah-Parts ein. Ersteres tut er auch in „The Prettiest Star", indem er die Leerräume mit einer simplen, klagenden Tonfolge schraffiert. Beide Tracks sind Böhmische Dörfer für jemanden, der ansonsten feschen Fräuleins mit Starkstrom-Riffs Beine macht. Marc wirkt gelangweilt, was aber am Rhythmus liegt. Der Drummer von Gass holpert und stolpert, schleppt und quält sich durch die Nummern, ohne sie zum Swingen zu bringen. Heute lässt die Bodenstation keine Rakete abheben.

Ken wirkt aus mehreren Gründen niedergeschlagen. Er wartet nur noch so lange oben, bis er endlich mit dem Jungen reden kann, um ihn an morgen Abend zu erinnern, Davids Show im Speakeasy und die Leute von *Jeremy*. Dann verdrückt sich Mr. Zehnprozent ins kühle, dunkle Morgengrauen, ohne June oder Tony noch eines Blickes zu würdigen. Nach Hause zu Bobby dem Bären und der anmutigen Stille seines leeren Betts.

Marc möchte auch aufbrechen, doch June ist noch nicht so weit. Sie hat zugehört, während er Davids diffuse Konstellationen im Rahmen des Möglichen mit Sternschnuppen aufhellte, und nichts hat sich geändert an ihrem vernichtenden Urteil, das sie schon vor über einer Stunde gefällt hat, als sie herkam: Mit welchem Recht erwartet ein liederlicher Komparse wie Bowie, dass eine Leitfigur wie Marc für ihn die zweite Geige spielt? Sie packt ihren Kram zusammen und geht Richtung Tür, hält aber vor David inne, sodass nur wenige Zentimeter Abstand zwischen ihren Gesichtern bleiben.

„Du weißt, dass du ihn nicht verdienst." Sie schließt die Lider, das Fallbeil geht nieder. „Du bist Marcs Spiel nicht würdig. Er ist zu gut für dich."

Daraufhin dreht sie sich um und entschwebt mit einem Zufriedenheit andeutenden Grübchen an einer Wange in den Flur. Marc zögert hinter ihr mit panischem Ausdruck in seinen braunen Augen und kann mit niemandem Blickkontakt halten. Er ringt sich so etwas wie ein Lächeln ab, doch David hat keine Ahnung, warum und für wen. Einmal die schwarzen Locken geschüttelt, und weg ist er.

Im Kontrollraum herrscht eine gedrückte Stimmung. Tony kann nichts sagen. David nichts sehen. Zum Schweigen gebracht und geblendet von einem schillernden Haufen Ego-Scherben.

DREI

Die Teenager in Bedfordshire sind empört: „Die britische Popmusik tritt mit ‚Two Little Boys' an der Spitze der Charts in die Siebziger ein. Was für Zukunftsaussichten!" Fassungslosigkeit in den Leserbriefen des *New Musical Express*, wo man sich wie Joan aus Henlow fragt, warum der letzte Beckenschlag der 1960er, der als Trommelwirbel fürs Folgejahrzehnt fungiert, ein Schmachtfetzen aus dem Varietétheater über den US-Bürgerkrieg sein soll, dargeboten von einem 39-jährigen australischen Maler, Sänger, „Wobble Board"- und Stylofon-Spieler, den Millionen aus seiner eigenen seichten Samstagabend-Fernsehshow kennen.

Rolf Harris wurde am 14. Dezember mit „Two Little Boys" zur Nummer 1. Elvis Presley, Kenny Rogers, Bobby Gentry und Glen Campbell taten ihr Bestes, doch Harris ist es immer noch. Die Single hat sich mittlerweile eine Dreiviertelmillion Mal verkauft. Aus einer Erhebung des *Melody Maker* geht hervor, dass kleine Kinder mit ihren Mamas und Papas daran schuld sind. Teens legen sich trotzdem lieber Tamla, Trojan und die neue Badfinger zu.

„Ich weiß, dass einige Leute ‚Two Little Boys' ablehnen, weil sie es schmalzig finden, aber da muss ich widersprechen", wobbelt Rolf. „Bei Schmalz denke ich an unerträgliche Rührseligkeit beim Anblick eines niedlichen Babys oder so. Das Lied ist einfach eine offene, bewegende Geschichte über aufrichtige Gefühle ohne Umschweife und fügt sich auf natürliche Weise in einen Erzählrahmen. Nehmt einen beliebigen anderen Titel aus den Charts, und er handelt mit ziemlicher Gewissheit von menschlichen Emotionen in irgendeiner Form. Das ist kein Verbrechen."

Die Leserpost, sie bleibt erbost, und Tamla bei den Teens ganz groß. Dennoch wird Rolf auch nächste Woche Nummer 1 sein und der Tiefschlaf des Jahrzehnts andauern.

Die Leute von *Jeremy* warten. Sie lehnen an der Theke aus schwarzem Marmor und halten sich an Drinks fest, die auf beruhigende Art so teuer sind, dass sie sich nicht trauen, regelmäßiger daran zu nippen als alle zehn Minuten. Die laute Musik verhindert jedwede Unterhaltung, das Tapetenmuster wirkt aufdringlich indisch, das karminrote Ambiente strahlt etwas vorsätzlich Schmuddeliges aus; wer das schummrige Licht nicht gewohnt ist, mag glauben, er hätte sich in die Dunkelkammer eines Fotografen verirrt. Hübsche Dinger hotten in engen Klamotten ab, wobei ihre Gürtelschnallen, Stiefel und schlackernden Halsketten im dämmrigen Rot aufleuchten wie Glühwürmchen. Die Leute von *Jeremy* bemühen sich leidlich, gaffend dazustehen und gelegentlich einen Schluck zu trinken, eine müßige Zurschaustellung modischer Gewohnheiten, für die sie weder jung noch aufschneiderisch genug sind.

Die Zeitschrift *Jeremy* wurde vor vier Monaten in einem wenige Straßen entfernten Büro in Fitzrovia an den Start gebracht. Den Machern zufolge richtet es sich an „Leute, denen Sex einfach egal ist – Jacke wie Hose. Leute, die sich ihrer Werte sicher sind." Das Heft bietet für sechs Schilling Lobreden auf Judy Garland, *Asphalt-Cowboy*, „spanne(r)nde" Fotoserien und ein Interview mit Barry Gibb von den Bee Gees (Lieblingsherrenduft: *Fraiche* von Balenciaga). Wer mit „alten Plattitüden" weniger aufgeklärter Generationen auf dem Kriegsfuß steht, etwas über die Clubs erfahren möchte, die „ein Paradies für Modeverkäufer" sind, und tiefgründige Aussagen wie Peter Wyngardes abwehrende Bemerkung: „Mein Schneider ist ein wohl gehütetes Geheimnis", schätzt, gibt die sechs Schilling nicht umsonst aus. Und obwohl man es niemandem unter die Nase zu reiben braucht, tut es eine Anzeige in *Time Out* trotzdem: *Jeremy* ist „das einzige Schwulenmagazin".

Die Leute von Jeremy sind im Speakeasy, weil David an seinem 23. Geburtstag dort auftreten soll. Sie haben ihn schon seit sechs

Wochen im Auge – seit seiner Performance beim Wohltätigkeitsevent Save Rave 1969 für behinderte Kinder im London Palladium und seinem jüngsten Gig im Stadtteil South Bank. Bisher kennen sie ihn als „Einzelgänger" – sein O-Ton – ohne Bedürfnis, „ein Leader" zu sein, der sich hauptsächlich auf ein Sammelsurium aus Varietékünstlern und Vorkriegs-Publikumslieblingen beruft, beispielsweise George Formby oder Gracie Fields. All dies steht dann zusammen mit einem Bericht über das heutige Konzert in der Februar-Sonderausgabe zum Valentinstag zwischen Werbeanzeigen für Hosen von Dear Roger sowie *Jeremy*s eigene „Spaßunterwäsche": Peeping Tom in durchsichtigem Stretch-Spitzenstoff zum „Zeigen, was du hast", Dolly Boy aus superweichem Nylon-Velours für „supersüße Typen" und Royal Flush aus Glitzer-Nylon, „das dich im Dunkeln leuchten lässt", dazu fickrig machende Frottiertücher „für heiße Sommernächte" zum günstigen Paketpreis. Ein Feature über David in *Jeremy* entspricht genau Kens Vorstellungen.

Der Künstler verbindet Eigenkompositionen über Raumfahrer und Scharfrichter mit Jacques Brels belgischer Verdorbenheit und der weniger bekannten Frotzelei von Amerikanern wie Biff Rose oder Mason Williams. Das reicht nicht, um die hübschen Dinger im Speakeasy zu bezaubern, sie klatschen nur der Höflichkeit halber und vereinzelt. Was sie sehen, gefällt ihnen besser als die Musik, und noch ehe der Abend ausklingt, fasst eine Hand, die zu jemandem wer weiß welchen Geschlechts gehört, David auf dem Weg durch die Menge zu Kens Tisch an den Schritt. Die erheiterten Leute von *Jeremy* machen sich eine Notiz und unterstreichen sie: Man muss ihn einfach begrapschen.

Es taut, aber in Beckenham frösteln die Leute immer noch. Der Winter ist nicht so kalt wie der von 1963, doch sind über Weihnachten fünf Menschen erfroren. Apotheken haben keine Medikamente mehr und sind im Begriff, den Kampf gegen die Grippe zu verlieren. Auf ABC läuft *Der Marshal*, doch die Straßen sind nicht staubig, sondern vereist, und Rauch steigt aus Schornsteinen statt aus Colts.

Haddon Hall an der Southend Road erwacht schnatternd. Auf Matratzen in den Ecken der Räume erlangen die verschiedenen Bewohner ihr Bewusstsein wieder und strecken sich.

David liegt in seinem Zimmer, wahrscheinlich allein.

Nebenan sind Tony und seine Freundin Liz, durch deren Fenster man den Garten sieht. Seine Liebe für sie entbrannte beim Koksen und wurde nach dem Rausch nur inniger. Liz ist so freundlich wie geheimnisvoll – einfach „Liz". Bezüglich ihres Nachnamens spielt sie gerne Rumpelstilzchen. „Du musst raten, aber ich gebe dir einen Tipp: Eine Marmeladensorte heißt genauso." Robertson? Gott behüte, nein. „Rate weiter". Sie ist vor und hinter der Staffelei kreativ, Kunststudentin und Aktmodell. Die schmuckvolle Emaille-Träne über dem Schlagbrett von Marcs weißer Stratocaster geht auf Liz' Konto. Davids Gitarren hat sie noch nicht angerührt.

Im großen Wohnzimmer auf der gegenüberliegenden Seite des Flurs haben sich Davids Schlagzeuger John und der Roadie Roger einquartiert. Manchmal liegen anderswo weitere Personen, etwa oben auf dem viereckigen Absatz der Treppe ins Nichts: Freunde, die versackt sind, eine Nacht oder so lange bleiben, bis sie eine eigene Unterkunft finden. Stammgäste wie Nita, eine Jugendliche aus der Gegend kurz vorm Oberstufenabschluss, die gerne Leonard Cohen singt oder über die Beatles und Buddha spricht. Nachtschwärmer und Spinner, für die in Haddon Hall immer ein Kissen zum Träumen frei sein wird.

Roger ist Londoner mit australischen Wurzeln und kann dementsprechend fluchen wie ein Bierkutscher. „Dreckfotze!" – typisch Roger, „Roger der Untermieter". Er kam als fester Anhang von John und dem weißen Kleinbus her, den dessen Hauptband Junior's Eyes benutzt. Die wurde David im vergangenen Sommer von Tony als Begleitband an die Seite gestellt. John hätte „The Prettiest Star" anstelle des Gass-Drummers eingespielt, wenn er nicht mit Junior's Eyes in Schottland getourt wäre. Er kehrte erst am Abend des Gigs im Speakeasy zurück, zu dem ihn das Geburtstagskind kurz vor knapp um den Gefallen bat, gemeinsam mit Tony am Bass auf die Bühne zu steigen. Die Leute von *Jeremy*, die hingerissen von Davids „leuchtendem, mit blonden Strähnen umkränztem Elfengesicht" waren, haben keinen der beiden beachtet.

John heißt meistens John, aber manchmal auch „Cambo", was sich nicht auf Rimbaud reimen soll, sondern die Abkürzung seines Nachnamens Cambridge ist. Dass er aus Yorkshire stammt, merkt man ihm nicht direkt an. Ein herzliches Lachen, ein ordentliches Glas Bier und eine zünftige Partie Darts – das ist John. Was Yorkshire angeht, hört David eine unleugbare Ähnlichkeit zur Sprechweise seines Vaters. Akzente faszinieren David wie einen Schauspieler, der lauscht, analysiert und nachahmt. *„Mensch, Junge, lass dir mal eine anständige Frisur schneiden!"* John verkörpert aber das zartere Yorkshire. Den flachen Osten, nicht den zerklüfteten Westen. Geboren und aufgewachsen in Hull, wo man nicht um den heißen Brei herumredet und die Vokale langzieht.

Bräuchte Haddon Hall einen Spaßmacher, würde sich John bereitwillig die Narrenkappe aufsetzen. Taucht eine Tüte mit Spritzpistolen auf, werden erwachsene Männer wieder zu Kindern, die Verstecken spielen und einander nass machen. David jagt Tony hinterm Sofa hervor die Treppe hoch und durch den Garten, während John mit einer kürzlich geleerten Spülmittelflasche in der Küche lauert. Der Hinterhalt ist gelegt, und David kriegt die volle Ladung von Cambos Wasserwerfer ab. Wenn die Sudelei vorbei ist und die Kleider trocknen, kann man immer irgendeinen Ball treten oder mit einer Instamatic-Kamera Mannschaftsfotos vom Haddon-Hall-SV machen: David diebisch grinsend im Streifenoverall mit vorgeschobenem Kinn wie ein siegesgewisser Spielführer, daneben John als Bobby Charlton mit verschränkten Armen, umgeben von langen Haaren, engen Jeans und glücklichen Gesichtern. Erinnerungen, festgehalten wie für eine Flaschenpost, die in einer Zukunft gefunden werden soll, die nicht mehr so unschuldig ist. Diskussionen über UFOs und unerklärliche Energien. Auffliegende Fenster und Klopfgeräusche aus der Geisterwelt. Spätabendliches Plattenhören, Rauchen, Singen, Dartspiel und dreckiges Lachen. Das ist Davids Garten Eden, wenngleich er ihn nicht selbst entdeckt hat. *Sie* war es; das Anwesen fühlt sich ohne sie nicht wie ein Zuhause an. Denn sie ist nicht da.

Sie ist Davids andere Hälfte, er ihre; die beiden sind ohne die jeweils andere Person keine vollständigen Menschen. Sie waren kaum hier eingezogen, als sie Ende November zu ihrer Familie nach Zypern zurückkehrte. Er hat regelmäßig Liebesbriefe an die Adresse in Xeros geschickt, darunter eine Weihnachtskarte mit der Bitte, sie möge wiederkommen und ihn heiraten. Ihre Antwort steht aber nach mehr als einer Woche weiterhin aus.

David muss seinen leeren Briefkasten erst noch mit Presse-berichten über einen Rückstau wegen der Feiertage in Verbindung bringen – über eine Million Briefe warten nach wie vor in Säcken in Sortierbüros der Royal Mail. Sein Freund Mike arbeitet bei der Post, doch auf die Idee, ihn zu fragen, kommt er nicht. Stattdessen sitzt er herum, sorgt sich und schreibt weiter, bis er sich aus Verzweiflung zu einem Ferngespräch nach Xeros durchringt. Sie geht ans Telefon.

Wie es das Schicksal will, hat sie seine Briefe und die Karte mit dem Heiratsantrag erst heute Morgen bekommen. Ehe sie sich erklären kann, möchte David, dass sie etwas hört – ein Azetat, das er vor ein paar Tagen nachts im Trident aufgenommen hat, mit dem Song, zu dem sie ihn inspirierte, und den Grund für dessen Entstehung, nämlich die Hoffnung, sie damit zu bewegen, die 3200 Meilen zurück nach Beckenham auf sich zu nehmen. Sie ist sein „hübschester Stern".

Sie lauscht, während die Platte läuft. David hält den Hörer an den Lautsprecher, damit sie jedes Wort über ihren gemeinsamen Aufstieg versteht. Am Ende hört er sie schluchzen. Vor Freude. Dann sagt sie Ja. Sie wird ihn heiraten.

Ehe sie auflegt, verspricht sie, morgen den nächsten Flieger nach London zu nehmen. Genau das wollte David hören.

Sie kommt nach Hause.

Sie ist 20, also etwas mehr als zwei Jahre jünger als er, ungefähr genauso groß, ein schlankes Blumenkind mit schmächtigen Gliedern und flacher Brust, burschikos zotteligem braunen Haar sowie aufgeschlossenem Gesicht. Ihr breiter Mund, der auf leichte Reizbarkeit hindeutet, und die großen, stechend dreinblickenden Augen können Himmel wie Hölle heraufbeschwören, wenn sie rundheraus losschießt oder in gackerndes Gelächter ausbricht. Sie hat Wirtschafts- und Betriebswissenschaft am Polytechnikum Kingston studiert, nachdem sie wegen lesbischer Umtriebe von einem Frauenkolleg in Connecticut geworfen worden war, und noch früher mit letzten Endes zerschlagenen Hoffnungen, eine Ballerina zu werden, ein Schweizer Internat besucht hatte. Für sie als gebürtige Zypern-Amerikanerin bringt das Leben im Vereinigten Königreich besondere Visa-Probleme mit sich, die zu den Gründen dafür gehören, dass sie sich auf eine Hochzeit mit David einlässt. Er will sie zurück und weiß, dass er sie heiraten muss, damit sie wieder auf britischem Boden weilen kann, obwohl er ihr schon ins Gesicht gesagt hat, er empfinde keine *Liebe* für sie. Nichtsdestoweniger nimmt sie die Abmachung hin, weil sie die beispiellose Naturgewalt namens Mary Angela Barnett ist. Formell Angela. Informell Angie. Und sie empfindet Liebe für ihn.

Sie sind noch kein volles Jahr lang ein Paar. Angie lernte ihn durch ihren Freund und US-Landsmann Calvin kennen, der ebenfalls mit David in die Kiste hüpfte. Er ist Orientale und für sein prunkvolles Erscheinungsbild bekannt, wobei er mitunter einen reflektierenden Silber-„Liebesstein" an der Stirn trägt. Als Doktor der Pharmakologie, der beschloss, seinen Intellekt der chaotischeren Chemie der Künstler und Programmakquise zu widmen, heuerte er in den Londoner Büros von Mercury Records in Knightsbridge an. Seinen Deal mit dem Label, der zu „Space Oddity" führte, verdankt David ihm. Calvin wiederum fühlte sich überhaupt erst zum Einfädeln des Vertrags bewogen, weil David klug erkannt hatte, dass Erfolg in der Musikbranche oft von der Bereitschaft abhing, nicht zwangsläufig Kompromisse einzugehen, sondern eine Nummer 1 in den Charts anzustreben.

Angie gewann ihren ersten flüchtigen wie denkwürdigen Eindruck von David bei einem Konzert im Roundhouse im Herbst '68, das die ganze Nacht dauerte. Er stand in der Mitte des Programmablaufs als Sänger eines Folk-Trios neben der Frau auf der Bühne, die seinen emotionalen Haushalt irreparabel beschädigen sollte. Vernarrtheit, Besessenheit und Verstandesverlust sind die Stufen in seinem Verhältnis zu Hermione. *Her-mi-o-ne.* Der Name gehört genauso in ein Märchen wie der Zauber, den sie gesprochen hat. David glaubte, sie würden für immer zusammenbleiben, zwei Henkel am Becher der ewigen Herrlichkeit. Sie konnte singen, sie konnte tanzen und beinahe auch schauspielern; für ihn war sie das, was Baez für Dylan, Fonteyn für Nurejew und Bacall für Bogart war. Sie hatten die gleiche Knochenstruktur, die gleichen spindeldürren Arme, den gleichen Blick kindischer Schwärmerei füreinander, aber gänzlich unterschiedliche Temperamente: Ihres entsprach Kieswegen und poliertem Tafelsilber, seines Teerstraßen vor Reihenhäusern und Sitzbänken mit Schonbezügen.

Das Mädchen von oben und der Junge von unten verbrachten den Großteil eines halben Jahres gemeinsam in der sündigen Idylle einer Obergeschosswohnung in South Kensington. David war 21 Jahre und sechs Monate alt und hakte diese Phase später so in einem Lebenslauf ab: „21¾ – hab mich verliebt."

Richtig, mit Haut und Haaren.

Dann verließ Hermione ihn, nachdem ihr eine Rolle in einem Film über den Komponisten Edvard Grieg angeboten worden war, der an Originalschauplätzen in Skandinavien gedreht wurde. Sein Herz reiste mit ihr und kehrte nie wieder. Was sie damit machte, darüber kann man nur mutmaßen; wer David gut kannte, ging davon aus, sie habe es in die Ostsee geworfen. Sie ließ einen 22-jährigen Kriegsversehrten zurück, der sich die Granatsplitter einzeln zog, indem er einen schmerzhaften Songtext nach dem anderen schrieb und nicht mehr derselbe Mensch war, der sich in ihren alles verzehrenden Bann hatte schlagen lassen. Nun wurde ihm klar, dass „hab mich verliebt" einem Nahtoderlebnis gleichkam. Den Fehler würde er nie wieder begehen.

Es war dieser zum Selbstschutz gegen Liebe gewappnete David, den Angie schließlich, einer Einladung von Calvin folgend, an einem

Mittwochabend im April 1969 traf, mit dem sie essen ging, tanzte und schlief. Zwischen ihnen funkte es nicht nur körperlich, sie passten auch geistig zusammen und erst recht hinsichtlich ihrer Ambitionen und Pansexualität. Sie fühlten sich weder den Erwartungen von Gesellschaft und Kirche an ihr jeweiliges Geschlecht verpflichtet noch gaben sie etwas darauf, mit wem sie es den Sittengesetzen von Staat und Klerus zufolge verkuppeln durften. Sex bedeutete Freiheit und hatte keine leidenschaftlicheren Verfechter als das glorreiche Guerillapaar, das David mit Angie bildete. Ihr Bündnis sollte weniger fleischlicher Art als vielmehr eine spirituelle Revolution sein.

Die zwei turtelten unverblümt vor Davids neuer Vermieterin, der Hippie-Journalistin und alleinerziehenden Mutter Mary. Sie wohnte in einer Wohnung unter der eines alten Schulfreunds und hatte ihn eingeladen, in einem freien Zimmer ihres Souterrains in Beckenham einzuziehen. Während sie ihm die Vorzüge von Cannabis-Tinkturen zeigte, brachte er ihr die Vorzüge seines Körpers vom Bauchnabel an abwärts bei. Mary liebte David und tat dies auch weiterhin, nachdem sie eines Tages aufgewacht war und Angie bei ihnen am Frühstückstisch angetroffen hatte. Da gebrochene Herzen gerade nicht im Trend lagen, lernten alle drei, im Sinne des Zeitgeists in Einklang miteinander zu leben.

Um mehr Platz zu haben, statt wie auf Eiern laufen zu müssen, mietete Angie eine andere gemeinsame Liebeslaube im wenige Kilometer entfernten Blackheath – wo auch einige von Marys Freunden wohnten, die Herausgeber des neuen Flowerpower-Stadtmagazins *Time Out*. Dann starb in jenem August Davids Vater. Er kehrte einstweilen nach Bromley in sein Elternhaus zurück, um seine Mutter zu trösten, und nahm Angie mit. Für die trauernde Mrs. Jones war David ihr Engel, seine Freundin hingegen Madame Satan. Die Spannung in Plaistow Grove beseitigte auch die letzten Zweifel daran, dass sie etwas Eigenes brauchten. Madame fand es über die Immobilienmakler auf der Brücke in der Nähe von Beckenham Junction. Southend Road 42, Apartment 7.

Zuhause.

David holt Angie jetzt am Flughafen Heathrow ab. Sie umarmen sich zum ersten Mal in diesem Jahr und Jahrzehnt. Verlobte und Verlobter.

Bald wackelt das Gemäuer von Haddon Hall vom Trara der Rückkehrerin, das so unverkennbar amerikanisch ist wie eine Boeing B-50 über dem Landesinneren Japans. Angie macht sich in einer Welt laut bemerkbar, von der sie weiß, dass sie ihr nicht zuhören würde, wenn sie nur ein wenig leiser wäre. Sie lärmt wie ein Wirbelwind, vor Ungeduld und mit voller Absicht. Jeder Augenblick wird zu einer Realgeneralprobe für den Film ihres Lebens – wie er eines Tages mit Bette Davis in der Hauptrolle gedreht werden könnte, motiviert durch denselben Schlachtruf, um mit funkelndem Schwert und flatternder Standarte zu Felde zu ziehen, so bereit wie entschlossen und fähig, sich die Welt untertan zu machen. Eine erfahrbare Wirklichkeit in 24 Bildern pro Sekunde, ein jedes zu kostbar, um der Schere im Schnittraum zum Opfer zu fallen.

Hausherr und -herrin von Haddon Hall ziehen sich zur neuerlichen Weihe in ihre pastellblauen Gemächer zurück. Draußen auf dem Golfplatz hinter der Gartensohle stört das heftige Kläffen sich paarender Füchse in kopulativem Einvernehmen die Stille der Winternacht. Über ihnen die hübschesten Sterne, ein unermessliches Wirrwarr aus Punkten, deren Licht jahrhundertealt ist und endlos viele Fragen zu dem aufwirft, was kommen mag. Sie hängen schlicht dort, wie um Wünsche zu erfüllen.

VIER

Fingerspitzen streifen über die Kanten von Plattenhüllen. Marc ist noch nicht so berühmt, dass er die Läden in Tooting und Wimbledon nicht mehr am helllichten Tag besuchen könnte. Die Verkäufer mit den fettigen Haaren hinter den Theken tun gleichgültig, wissen aber genau, wer er und sein bärtiger Adjutant sind.

John Peel ist ein Discjockey mit eigener BBC-Radiosendung, die samstagnachmittags läuft, acht Jahre älter als Marc und seit drei Jahren sowohl im Äther als auch in der Presse und am Plattenspieler sein lautester Fürsprecher. Auch wenn Johns Gemüt nicht von aufmunterndem Cannabis und Räucherkerzen umnebelt wird, kann man es Liebe nennen. Liebe zur Musik, Poesie, zu Scalextric-Autorennbahnen und zur Gesellschaft des jeweils anderen. Letztes Jahr hat Marc ihm zwei Hamster geschenkt, Dandelion und Biscuit; daraufhin gründete John eine Plattenfirma und einen Verlag, die er jeweils nach den Nagern benannte. Außerdem gastierte er auf zwei Alben von Tyrannosaurus Rex als Leser von Marcs Geschichten über Elfen, Goldfischhandschuhe und Pilzpergamentpapier. Gemeinsam sind die beiden wie Merry und Pippin.

Marc hat die acht Kilometer ans andere Themseufer nicht auf sich genommen, um sich von John mit träge zurückhaltendem Liverpooler Akzent vom vergessenen Beat-Irrsinn der Toggery Five vorschwärmen zu lassen. Seine Eltern Phyllis und Sid wohnen hier nach wie vor im selben Plattenbau, wohin sie ihn als widerborstigen Teenager-Flüchtling aus Stoke Newington mitgeschleift hatten, entwurzelt von seinem Massenzentrum und den Straßen der Stadt, wo seine stutzerhafte Kleidung wie ein Royal Flush beim Poker und sein

Gesicht schon mit 14 ein Ass gewesen war. Ein König – egal wie jung – vergisst den Verlust seiner Krone nie. Was auch immer Marc sein und werden mag, ist von den Jahren im Exil in Summertown SW17 gezeichnet. Der kleine Prinz, verloren im All.

Marcs kostbarste Beute ist an diesem Tag die fünf Jahre alte Single „Take A Heart" von The Sorrows. John weist ihn auf eine stärkere Version des Songs von den Boys Blue mit mehr Bläser-Power hin, wobei er sich aber irrt, was manchmal vorkommt. Für Marc bedeutet die Nummer einen Hauch von Erinnerung an seine Anfangszeit im Herbst '65, als er gerade 18 geworden war und mit seiner ersten Aufnahme „The Wizard" hoch hinauswollte: 100 Sekunden, vier Viertel und zwei Akkorde ohne Reiz für ein Publikum, dem Ken Dodd und Hedgehoppers Anonymous völlig genügten.

The Sorrows kämpften sich mit ihrem schlichteren liebeskranken Blues auf Platz 21 der Charts, ähnlich überdreht wie beschleunigtes Herzflimmern mit kurzatmig holperndem Drummer und einem verzerrten Riff, das pulsierte wie eine geplatzte Schlagader. Für den Rock 'n' Roll in seinen Kinderschuhen entsprachen fünf Jahre einem ganzen Erdzeitalter, doch Marc hegt mehr als bloß archäologisches Interesse an der unterschwelligen Panik von „Take A Heart". Im Vergleich zu dem Radiostumpfsinn von „Two Little Boys" kommt der Sound einer Unwetterwarnung gleich, jeder schrille Schrei und Seufzer morst eine dringliche Botschaft. Der Code ist für Marc leicht zu entschlüsseln:

Spiel laut.

Spiel rhythmisch.

Komm auf den Punkt.

Mach's *aufregend*.

Nördlich der Grenze hat sich David in Strickware verheddert. Zig Pullover mit groben Zopf- und Karo-Mustern versperren ihm die Sicht. Betrunkene Stimmen zerschneiden die Luft zwischen ungeschlacht hustenden Akkordeons und Heimweh verbreitenden Folk-Gitarren. Alles ist ihm fremd, und das beruht auf Gegenseitigkeit, doch er schüttelt seine Haare für die vergängliche Nachwelt bald wieder über-spielter Videokassetten – und in der abwegigen Hoffnung, Speysides im Bett fernsehende Bewohner zu beeindrucken – und singt sein Abschiedslied an London.

Merkwürdige junge Stadt.

Nicht so merkwürdig und kalt wie die 800 Kilometer nördlich von Wardour Street gelegene Granitstadt Aberdeen, wo er nun als Gast der Sendung *Cairngorm Ski Night* in die Kameras eines TV-Studios blinzelt. Es ist dasselbe gesellige Theater, das der Sender Grampian freitag- und samstagabends seit seiner Gründung vor etwas mehr als acht Jahren absondert. Die Serien heißen *Aye Yours* oder *Calum's Ceilidh*, sind aber ungeachtet ihres Titels allesamt drollige Ableger ein und desselben leicht aufzuziehenden, anspruchslosen Glotzkasten-Gemüses. Der einzige Unterschied von *Cairngorm Ski Night* besteht in der bemühten Vorspieglung, es sei ein feierliches Après-Ski, über-tragen aus einer Berghütte mit dem erlesenen Moderator Jimmy Spankie, den gegenwärtig bedauerlicherweise ein „Fußballergelenk" zwickt. Die obligatorischen Wollpullis spendiert das geladene Publi-kum, das sich aus Mitgliedern der örtlichen Skiclubs zusammensetzt, für die musikalische Untermalung sind Hausbands, Sängerinnen und Sänger zuständig, darunter „Grampian TVs Goldstimme" Dave McIntosh höchstselbst. Als besondere Gäste treten in dieser Folge Folk-Ungetüm Hamish Imlach – mit unredlich funkelnden Augen und literweise Schwarzgebranntem im Wanst – und David auf, dessen weltstädtisches Wimmern nach einem anstrengenden Tag beim Sla-lom auf den eisigen Pisten von Glenshee eventuell keine angemessene Unterhaltung bietet.

Er trotzt den Nordseewinden einen weiteren Abend lang, um an Aberdeens Universität für die Studenten aufzutreten, doch das Konzert gilt als so unbedeutend, dass die Lokalpresse keine Druckerschwärze für eine Notiz über den Besuch der „Space Oddi-ty"-Eintagsfliege verschwendet. Stattdessen schießen sich sämtliche Berichterstatter auf „exotisch gekleidete jungen Frauen" ein, die in Grasröcken an einem Bauchtanzwettbewerb in der Inverurie Town

Hall teilnehmen. Ein Mädchen aus Tullynessle gewinnt fünf Pfund, den Hauptpreis. 20 Kilometer weiter: David kommt, singt und geht ohne Aufhebens.

In der Leere, die 1969 hinterlassen hat, weiß man nicht, wie es mit aufgenommener Musik weitergehen soll. Nach wie vor senden Radio Luxemburg auf Mittelwellenlänge 208 und Radio 1 – *wun-der-bar* – auf der 247. Es gibt schwarz-weiße Zeitungen und bunte Magazine für Jungen und Mädchen, Pseudos und Loser, Kinderzimmerhocker und Jugendclubrocker. Das Fernsehen ist allerdings Pop-Brachland, nachdem die Sixties das Feld geräumt haben.

Als schwacher Hoffnungsschimmer baumelt ein goldenes „A" an einer Halskette, die Sängerin Ayshea trägt, eine asiatischstämmige 21-Jährige mit Rehaugen und seit Kurzem einem eigenen Kindermusikformat bei Granada Television in Manchester. *Lift Off* – 25 Minuten „Lärm, tanzende Puppen und Blitzlicht" – läuft mittwochs zum Nachmittagstee gleich nach *Crossroads*. Produzentin Muriel Young echauffiert sich öffentlich: „Fernsehprogrammgestalter haben nicht sonderlich viel für Popmusik übrig." Die Sendezeit bestätigt dies hinlänglich.

Die BBC drückt ihre Abneigung gegen Pop dadurch aus, dass sie *Disco 2* samstagnachts zur Geisterstunde ausstrahlt. Diesen Tanztempel besucht man nicht zum Zappeln, sondern um sich zu Procol Harums ödem Geröchel „Repent Walpurgis" selbst einzubalsamieren. Ober-Grufti Tommy Vance birgt die Leichen von Hookfoot, Toe Fat und Bloodwyn Pig zwischen alten Hits und Ausschnitten noch älterer Filme, doch näher kommen die arthritischen Finger der Macher dem Puls der Zeit nicht.

Bleibt noch das barmherzige Flaggschiff *Top of the Pops* am Donnerstagabend. Immer noch ein Tempel sich ruckartig verbiegender Weiblichkeit, wo auf 20 Mädels nur ein Typ kommt und Erstere die Tanzführung übernehmen, mit bebender Brust die Arme in die Luft strecken wie Pumpkolben, die Hüften kreisen lassen und zu erotisch aufgeladenen Schallwellen Buckel machen. Gastgeber ist Jimmy Savile, der gerade von den Lesern des *NME* zum beliebtesten DJ des Jahres gewählt wurde. „Wer kriegt einen Stich gegen den lebhaften, positiv denkenden Jimmy?" Da drüben zwitschert ein glupschäugiger Strauchdieb von Hexen, hier beschwören nordeuropäische Invasoren eine altertümliche Liebesgöttin. Jenseitige Wunder und Anbetung warten auf die neuen Superstars der Siebziger, aber wo sind die?

Bis dahin haben wir Edison Lighthouse. Die erste Nummer 1 des Jahrzehnts kommt von menschlichen Bauchrednerpuppen. Sie heißen Greenfield Hammer und traten bis vor Weihnachten für 20 Pfund pro Abend im Umland von Windsor auf. Bewegt werden sie von dem jungen Songwriter Tony Macaulay, der seine Aufnahmen mit Studiosänger Tony Burrows mit Gesichtern versehen muss: „Love Grows (Where My Rosemary Goes)", etwas Gefälliges zum Mitsummen, das er mit Barry Mason und seiner Ehefrau Sylvan komponierte. Die Mitglieder von Greenfield Hammer haben Gesichter, die angemessen jung wirken, und Seelen, die so schwach sind, dass sie sich leicht kaufen lassen. Laut Abmachung promoten sie die Single mit Burrows als Frontmann und dem neuen Namen Edison Lighthouse. Die Platte steht kaum in den Läden, da kaspert die Band in der zweiten Januarwoche bei *Top of the Pops* herum. 14 Tage später steht sie an der Spitze der Charts.

Der Schwindel bleibt kein Geheimnis, und als er auffliegt, sind die Fronten unwiderruflich geklärt. Pop polarisiert. Es fing schon Ende '69 an, als sich die amerikanische Zeichentrickgruppe The Archies für acht Wochen auf Platz 1 breitmachte und gegen die Beatles, Fleetwood Mac sowie Davids „Space Oddity" behauptete – ein Sieg durchschaubarer Hinterlist über gefühlte Authentizität, woraufhin Album-Snobs Krieg gegen Single-Banausen führten und mit sektiererisch elitärer Überheblichkeit zum Ausmerzen der rotznäsigen Geißel des kommerziellen Populismus aufriefen. So wurde Pop zu einem Spaltpilz. *Mirabelle* oder *Melody Maker. Top of the Pops* oder *Disco 2*. Tony Blackburn oder Tommy Vance. Edison Lighthouse oder Led Zeppelin.

Ohne Grauzone dazwischen.

Dazwischen liegt er voll bekleidet und zugedeckt auf einer Matratze am Boden einer bitterkalten Steinterrasse in Edinburgh. „Dazwischen" heißt: neben seiner zukünftigen Braut Angie und seinem früheren „Pantomimen"-Lehrer respektive einstweiligen Gespielen Lindsay, der so unverblümt geradeheraus homosexuell ist, wie man nur sein kann, ohne sich in *Jeremy* zu präsentieren. Angela und Lindsay wissen jeweils um ihre gleichzeitige Intimbeziehung zu dem schönen Geschöpf, das momentan in ihrer Mitte liegt, und halten achtungsvoll freundschaftlich Waffenstillstand. Nicht einmal eine Socke wird ausgezogen, sie schmiegen sich aneinander wie drei unschuldige Waldtierkinder.

Lindsay ist mit dem Gesicht eines Lausebengels und theatralischen Allüren ein verschlagener Kobold von einem Mann. Obwohl er sich bestimmt noch mit Oscar Wilde vergleicht und David mit dessen Lover Lord Douglas, besitzt er den Anstand, Angie wie eine Frau von Bedeutung zu behandeln. David hat genug für sie beide zu bieten, und ihre Begierde mag unersättlich sein, artet aber nicht in ordinären Egoismus aus. Sie sind beide rettungslos in den Jungen verliebt, lächeln einander zu wie in heimlicher Übereinkunft. Zwei Herzen, verdorben von ein und demselben unwiderstehlichen Erzengel.

„Du auch?"

„Selbstverständlich."

„Na ja, schau ihn dir bloß an."

„Wer würde da nicht schwach?"

Zwei Jahre sind vergangen, seitdem sich der ältere Lindsay in den jüngeren David verguckt hat. Zunächst gefiel ihm die Stimme, so wie sie auf seinem Debütalbum voller Possen über Träume, Spielsachen und dumme Jungs klang, anschließend das Gesicht, aus dem sie ertönte, und dann schrittweise – im Zuge von Backstage-Begegnungen und „Gehen wir zu mir"-Einladungen – der ganze Rest darunter. Die herabhängenden Früchte wurden umso köstlicher, wenn man wusste, dass sie beinahe an die tibetischen Mönche eines Klosters in Scottish Borders verlorengegangen wären, wo

David leichtfertig mit dem Gedanken gespielt hatte, sich mit Körper und Geist in das sinnlose Schicksal eines keuschen Buddhisten zu geben. Lindsay erfüllte mit Freude und Stolz die gnädige Aufgabe, ihn davon zu überzeugen, dass man Nirwana auf ersprießlicherem Weg erreichen konnte als durch tagelanges Geschwätz über Blumenblüten auf Sanskrit im Lotossitz.

David, der nie gibt, ohne zu nehmen, bat um Unterricht in der darstellenden Kunst der „Pantomime", nachdem er Lindsays von Picassos Pierrot- und Harlekin-Gemälden inspiriertes Spiel in Covent Garden gesehen hatte. Lindsay zeigte ihm, so gut er konnte, wie man den Körper als dramaturgisches Kommunikationsmittel einsetzte, die Bühne betrat beziehungsweise verließ und das Publikum in jedem dazwischenliegenden Augenblick fesselte, ohne ein Wort zu äußern. Des Weiteren unterwies der Lehrer seinen Schüler in den grenzenlosen Möglichkeiten, die sich beim Frisieren, Kostümieren und Schminken offenbarten. Vor Lindsay war die Bühne lediglich ein Ort gewesen, an dem David *sein* konnte; nach Lindsay war sie der Ort, wo er *werden* konnte. Irgendwas. Alles. Tausend neue, unentdeckte Ichs, die auf einen Tupfer mit dem Puderquast und ein schnalzendes Leotard warteten.

David war zu ungeschickt und übereifrig, als Lindsay ihn aus seinem Tanzstudio in Covent Garden entließ, und ging mit seiner charakteristischen „Von allem ein bisschen"-Haltung dazu über, „Darsteller" auf seine offizielle Liste ausgewiesener Talente zu setzen. „Darstellen" – auch mit Musik –, das tat er nun, und zwar ständig. Mit Musik schlug er sich achtbar. Als Pantomime nicht. Lindsay grämte sich und nutzte das, was David am besten beherrschte, indem er ihn zu einer weiteren Clown-Aufführung in seine Theatergruppe einlud. In *Pierrot in Turquoise* musste er auf der Bühne nur singen, während alle dramatischen Posen und kunstvollen Pirouetten von Lindsay und seinem halbblinden Tanzpartner Jack übernommen wurden, einem Adonis mit rasiertem Schädel und der Aura von jemandem, der auftauchte und verschwand, sobald man dreimal an einer Wunderlampe rieb. Abseits der Bühne brauchte David lediglich mit Lindsay ins Bett zu gehen, vor allem auf einer Kurztournee im Norden mit Natasha, der Kostümdesignerin der Truppe, als Fahrerin. Dass auch sie wiederholt zum Schäferstündchen zwischen Davids Laken schlüpfte, hielt er mehrere Wochen lang geheim. Erst als ihn seine Lust eines Abends bei Nieselregen in Cumbria übermannte, kroch die beschämte Katze aus dem Sack, weil das Kopfende seines Betts gegen die Wand knallte und Natashas beglückte Schreie das Zimmer beben ließen, in dem Lindsay gleichfalls dienstbereit wach lag. Am Morgen danach gab's eine Aufführung von Aderlass und Todesschlaf: Mit seinem memmenhaften Greinen nach oberflächlichen Schnitten an beiden Handgelenken handelte sich Lindsay bloß ätzendes Mitleid und einen Vorrat Mullbinden aus einem örtlichen Krankenhaus ein. Natasha schluckte ähnlich halbherzig eine Überdosis Tabletten. David weinte, und niemand wusste, ob wegen seiner Libido, die nun erst einmal unbefriedigt bleiben musste, oder über die Leidtragenden.

Seitdem sind zwei Jahre voller Küsse und Versöhnungen vergangen. Lindsay wohnt nun in einer wohligen Mansarde in Edinburgh und hat David eingeladen, in einer stark überarbeiteten Version von *Pierrot in Turquoise* mitzuwirken, die in den neuen Farbfernsehstudios von Scottish Television – einem umgebauten Theater – gefilmt werden soll. Zu den Änderungen am alten Drehbuch gehören der Untertitel *The Looking Glass Murders* und die neue Figur Columbine, verkörpert von einer grazilen, jungen Blondine namens Annie. Handlung und Charaktere sind der jahrhundertealten Tradition der italienischen *Commedia dell'Arte* entlehnt. Alles dreht sich um den glücklosen Pierrot, seine untreue Columbine und ihren Geliebten Harlequin, den immer noch der fast blinde Jack spielt. Man sieht ein Bett, ein bisschen nackte Titten und Arsch sowie gar schrecklich viel von der Pein des Gehörnten. Ein allzu augenfälliger Kniff von Lindsay, um seine wiederkehrenden suizidalen Anwandlungen wegen Davids schweifender Liebesgefühle in einem halbstündigen, fleischgewordenen Schauspiel zu kanalisieren.

David soll erneut die Rolle des voyeuristischen Barden Cloud einnehmen und Lindsays Lieblingslied unter seinen alten Nummern singen – die märchenhafte Ballade „When I Live My Dream" –, aber auch neue einbringen. Da die Zeit drängt, verwässert er „London Bye Ta-Ta" mit einem anderen Text über einen „Dreigroschen-Pierrot" und bereitet für den Dreh zwei amorphe, lieblos anmutende Schrammel-Stücke vor.

Nach 32 Tagen des neuen Jahrzehnts sind die Sechziger tot und die Beatles kurz davor, mit ihnen begraben zu werden. In wenigen Tagen wird John Lennon „Instant Karma!" heraushauen, und Ringo Starr erzählt der Presse, dass er seine Debüt-LP möglicherweise *Ringo Stardust* nennen wird. David, merk dir das. Alte Häute werden abgestreift, und neue Ufer erscheinen am Horizont. *Falls du es willst: Hier ist es, komm und hol's dir.* Hörst du Paul McCartney, David? *Aber beeil dich besser – es geht schnell.*

David? … David?

David, bist du *da*?

Nein, ist er nicht. David weilt in Edinburgh, wo er fürs Nachtprogramm von Scottish Television als „Mime" mit Nachthemd, Vogelscheuchen-Perücke und geschminkter Trauermiene auf einer Trittleiter hockt, während drei Tänzerinnen ringsherum hüpfen und zusehends in Ekstase verfallen.

So verbringt David Bowie den 32. Tag der Siebziger.

FÜNF

Er geht in seinem langen, schwarzen Mantel durch die Flügeltür und die Einfahrt hinunter zum Haupttor. Mit jedem Schritt fühlt er sich freier – wie die Rosskastanien, aus deren klebrig braunen Winterknospen schon frühlingshaft grüne Triebe schlagen – und folgt der Brighton Road bis zur Haltestelle, wo er auf den nächsten Bus nach Norden wartet, der ihn nach Croydon bringt. Schnell noch eine rauchen, bevor die 194 abfährt. Durch Shirley, West Wickham und Elmers End nach Beckenham, wo er am Kriegsdenkmal aussteigt und den Rest des Wegs zu Fuß zurücklegt. Den Hügel hinauf um die High Street herum geradeaus über die Eisenbahnbrücke und am Bahnhof vorbei dorthin, wo die Häuser größer werden und weiter auseinander stehen. Er hat diese Strecke schon viele Male bewältigt, bekommt aber Herzklopfen, als er in die Southend Road hinüberwechselt. Schließlich sieht er es zwischen den Bäumen, die unverwechselbare Turmspitze mit ihrer Wetterfahne. Noch wenige Meter. Der Druck auf die Türklingel. Kurz innehalten. Ein Schlüssel dreht sich im Schloss, und dann steht er da.

Kleiner Bruder.

Der Tag geht ungreifbar verschwommen und viel zu schnell vorbei. Kaffee, Zigaretten, Schallplatten und Bücher. Sachen, die ihm gezeigt und vorgespielt werden, liest und hört er nur halb. Er ist da und doch abwesend. Bekommt er eine Frage gestellt, versucht er, mit dem Teil seiner selbst zu antworten, der anwesend ist, und wenn er das tut, drängt sich der Gedanke auf, er sei vielleicht doch präsenter, als er zunächst geglaubt hat. Trotzdem fehlt jener Teil, der

in Treibsand steckt – die Fingerspitzen ragen zuckend heraus – und
den niemand retten möchte. Mehr Kippen, mehr Musik. Er summt.
Singt fast. Witze werden gerissen. Er lacht; das kann er noch. Kleiner
Bruder bringt ihn immer zum Lachen.

Kleiner Bruder ist jetzt berühmt. Das erzählt er ihnen gerne,
den Leuten *dort*. Manchmal schauen sie ihn an, als würden sie es
nicht glauben, doch es stimmt, er kann's beweisen. Einmal hat er ihn
„Genie" genannt. Sein Name stand sogar mal in *Jackie*.

> *Wer hat dich am stärksten beeinflusst?*
> Los, sag's ihnen, David.
> *„Mein Bruder Terry."*
> „Bruder" hat er gesagt. Leiblicher, nicht „Halb-
> bruder".
> *„Er ist sieben Jahre älter als ich."*
> Es sind fast zehn.
> *„Ich bin jetzt 22, er ist 27."*
> Nein, 32.
> *„Er hatte sehr viel für Jazz übrig, als ich in einem Alter war, wo man leicht
> zu beeindrucken ist, also färbte das auf mich ab."*
> „A Love Supreme". Uneingeschränkte Liebe.
> *„Ich habe John Coltrane und Eric Dolphy vergöttert. Mit zwölf lernte ich
> Klarinette und Tenorsaxofon. Als ich vor sechs Jahren ins Musikgeschäft
> einstieg, war ich ein Jazzer."*
> Tatsächlich?
> *„Terry ist sehr unkonventionell gewesen …"*
> Immer noch.
> *„… und hat mich an Literatur herangeführt, die mir eine Menge bedeutet –
> etwa Jack Kerouac und Allen Ginsberg."*
> Die mitansahen, wie der Wahnsinn die gescheitesten
> Köpfe seiner Generation zerrüttete.
> *„Und all das hat mich zum Songschreiben geführt."*
> Äh …

All das habe ihn zum Songschreiben geführt, behauptet er. Unterschlagen hat er allerdings, wohin es Terry geführt hat. Das ist das Lustige daran, die beste Pointe überhaupt. Weil *er* in *Jackie* gelandet ist und Terry in „The Cane".

Wieso hat er das verschwiegen?

Mein Bruder Terry? Na ja, er ist übergeschnappt! Sie mussten ihn zu seinem eigenen Besten ins „Cane" stecken. Kennst du es? „Da schicken sie dich hin, wenn du nicht mehr alle Latten im Zaun hast. Hier in der Gegend hört man auf Spielplätzen davon reden: „Pass auf, Sohnemann, oder du kommst ins ‚Cane'." Dorthin haben Coltrane, Dolphy, Kerouac und Ginsberg Terry gebracht, Mann. Ins Cane, total aufgeschmissen!"

Die Sonne am Himmel ist so weit gewandert, dass ihr Licht nicht mehr hereinscheint. Kleiner Bruder kündigt an, es sei Zeit zu gehen. Er will ihn zur Haltestelle fahren, damit er nicht laufen muss. Sie werden den großen Transporter nehmen, seine Freunde John und Roger können mitkommen. Das Genie will nicht aufbrechen. Da er weiß, dass er dazu gezwungen ist, knöpft er den langen, dunklen Mantel zu, in dem er aussieht wie einer von der Gestapo, und steigt in den Transporter.

Die Strecke ist kurz. Er sitzt hinten wie ein Fisch im Aquarium, der in eine unerreichbare Welt glotzt. An der Haltestelle braucht man sich in keine Schlange einzuordnen, und der Bus kommt erst in zehn Minuten. Der kleine Bruder und seine Freunde, die seltsame Akzente haben, verabschieden sich. Während er wartet, schaut er dem Transporter nach, bis er um die Ecke biegt und außer Sicht gerät. Dann marschiert er mit den Händen in den Taschen, um sie gegen die Kälte warm zu halten, auf das warme Licht der Freiheit zu, das aus The Bricklayers Arms dringt.

Er hat keinen Plan, außer dass er nicht zurückkehren will. Vielleicht ist es ein halber Plan. Aussitzen. Den Bus verpassen. Wieder zum Haus des kleinen Bruders gehen und bitten, bis zum nächsten Morgen bleiben zu dürfen. Einem Morgen ohne Anstellen zum Einseifen, Schreie aus der Ferne und tropfende Pflaumen in der Kantine.

Er geht zum Tresen und stützt sich mit vollem Gewicht auf einen Ellbogen. Die tadellose Darstellung eines gewöhnlichen Typen, der ein Pint möchte.

Er bestellt.

Es wird gezapft.

Er zahlt.

Er trinkt einen Schluck.

Der süße Geschmack der Normalität. Er nimmt eine Zigarette aus der Packung, steckt sie sich in den Mund und kramt in einer Tasche nach Streichhölzern. Die fast leere Schachtel rappelt beim Herausziehen. Er entzündet eins, hält es an die Spitze und zieht kräftig. Ein Mann, allein mit einem Bier und einer Kippe. Seiner Zurechnungsfähigkeit zuliebe möchte er jede Sekunde auskosten, so gut er kann, und betet darum, dass weder der Boden Feuer spuckt noch die Himmel aufreißen werden, bevor das Glas leer ist. Bitte, Gott, lass ihn einfach in Ruhe.

„Terry!"

Die Himmel öffnen sich. Kleiner Bruder und seine Freunde haben ihn gefunden. Sie sind in der Wimpy Bar gewesen. Als sie anschließend wieder an der Haltestelle vorbeifuhren, stand er nicht dort, obwohl der Bus noch nicht eingetroffen war. Kleiner Bruder meinte allerdings, er wisse, wo Terry sei. Und er hatte recht. Hier ist er.

„Oh, hallo David."

Ihn hier zu sehen scheint Kleinem Bruder nicht zu gefallen. „Du verpasst deinen Bus."

„Ach was." Er hält das Glas mit beiden Händen fest. „Ich trink nur ein Bier."

Drängen lassen wird er sich nicht. Er nimmt seine Schlucke langsamer und bemessener. Noch eine Zigarette, und jeder Zug, jeder Moment wird kostbarer als der vorangegangene, weil er weiß: Wenn das Glas leer und der Aschenbecher voll ist, bleibt nichts als ein Bett auf Station Blake, und die 16 Kilometer bis dorthin werden kürzer.

Als sie hinausgehen, ist der Bus gekommen und schon wieder weg. Kleiner Bruder sagt, er müsse ihn nun zurückbringen, was er befürchtet hat. Die Freunde John und Roger wissen nicht, was mit „zurück" gemeint ist, schließen sich aber wieder an. John setzt sich zu ihm auf die Rückbank. Kleiner Bruder fährt in bedrückender Stille, doch Johns vergnügtes Geplapper – die vielen offenen Vokale – über alles und jedes durchbricht sie. Er fragt ihn, woher er stammt. „Hull", antwortet John. Ein Schalter springt um, und er beginnt laut, die Stürmer des Hull City AFC aufzuzählen.

„Ken Houghton … Ken Wagstaff … Chris Chilton."

John staunt darüber, dass jemand hier unten die Startelf des Zweitligavereins aus seiner Gegend kennt. Die Ersatzbank der Tigers bietet jedoch nicht genug Gesprächsstoff bis zur Ankunft. Das Licht der Straßenlaternen huscht wie von einem Karussell über die Windschutzscheibe, und jeder Streif der gelben Natriumgasemission ist ein Glied der Kette, die ihn zurückzerrt. Die Einfahrt fällt ihm früher auf als alles andere, und als der Transporter langsamer wird, um ihrem Bogen zu folgen, schaut er auf seinen Schoß, nicht in das weiße Licht der Stationen, das zwischen den Stacheldrahtumrissen der kahlen Bäume durchfällt.

Das Gebäude ragt empor wie ein Monster, das aus der Nacht selbst geformt wurde. Sie halten an. Ein gebrummtes „Bis bald", und er steigt aus.

Dann dreht er sich um und wirft einen flüchtigen Blick auf Kleinen Bruder hinterm Steuer. Kleinem *Halb*bruder; etwas anderes vorzugeben hat keinen Zweck. Sie sind von ähnlicher Statur, obwohl er älter und schwerer ist, doch ihre Gesichter gleichen einander nicht. Zwei Söhne gänzlich unterschiedlicher Väter.

Er ist ein Rosenberg. Dunkle Haut, französische Züge, abstehende Ohren und blaue Augen, die eigentlich heller funkeln sollten, als es sein Schicksal zulässt. Das Gesicht ist hübsch oder wäre es, wenn jemand wüsste, wie man ihn an die Steckdose kriegt und einschaltet.

Im Gegensatz dazu ist Kleiner Bruder ein Jones. Haywood Stentons Doppelgänger. Ein wandelnder Toter. Genauso dünne Knochen, eingefallene Wangen, markantes Kinn, lange Ohrläppchen, oft gerümpfte Nase, schmaler Mund und straffe Oberlippengrübchen. Die fliehende Stirn und ein Lächeln, das zu einer Fratze entgleisen könnte, ein nicht *auf* jemanden fallender, sondern ein *ein-* und durchdringender Blick, das gleiche nach außen gerichtete Lachen und innerliche Schaudern. Der Mann, den alle John Jones nannten, hatte ein reserviert nüchternes Gesicht, das sowohl einem Wissenschaftsnobelpreisträger als auch einem Seriengiftmörder angemessen gewesen wäre. Sein Sohn hat es auch. Lediglich die Augen − eines spottet seiner naturgegebenen Farbe auf einzigartige Weise − sind anders. Die Augen, die nun für einen Sekundenbruchteil in seine schauen. Einen Bruchteil zu kurz, um ihnen Notsignale zu senden, die ein ganzes Leben ausfüllen. Ein Blick, der keine Worte in seiner Entgegnung aus Leid, Furcht, Einsamkeit und Kummer erkennt. Nur Wiederholungen.

Und all das …

Und all das hat mich zu …

Und all das hat mich zu alldem geführt …

Er hört den Transporter davonfahren, während er die Granittreppe des Irrenhauses hinaufgeht, die ihn in eine brabbelnde, kreischende, kotzende Leere aus Beton führt − Höllenfeuer, Pisse, metallisch schmeckender Tee, Karbolseife … und all das. Er bringt es nicht fertig, sich zu fragen, ob Kleiner Bruder den anderen erzählen wird, was das ist und wieso er ihn hergebracht hat, ob sie schon über ihn reden oder schweigend nach Hause fahren und sich selbst einen Reim darauf machen, bis sich das geschlossene Buch am Steuer irgendwann einmal bemüßigt, aufzuklappen und Einblick in seine Seiten zu gewähren, damit alle von der Person erfahren, die ihn am stärksten beeinflusst hat.

Auf Station Blake sieht alles einheitlich aus: gebohnerter brauner Boden, orangefarbene Vorhänge, grünes Bettzeug. Morgen wird man sich wieder zum Einseifen anstellen, mit Schwämmen waschen und Eiercreme essen. Entrücktes Starren in den Gruppenräumen.

Ein Kreuzworträtsel, ein Kartenspiel, Tabletten zum Schlucken und wieder mal der Nachhall abgewürgter Schreie von Station Salter, wo sie irgendeinen armen Tropf in eine Zwangsjacke stecken. Er geht in verschwommenem Dunkel, begleitet von Husten, Knarren und leisem Stöhnen, zu Bett. Nachdem er die Augen geschlossen hat, zieht er den Speichel in seinem Mund zusammen und schläft mit herbem Nachgeschmack aus The Bricklayers Arms ein.

Der Mord dauerte drei Minuten. Die Gerichtsverhandlung zieht sich über zwölf Tage. Die Geschworenen brauchen sechs Stunden. Vier Teenager aus Roehampton: ein 18-jähriger Schlachter, ein 16-jähriger Holzschnitzerlehrling und zwei Schüler, jeweils 15. Schuldig.

Mord war es weder für sie noch die anderen acht Heranwachsenden aus dem Alton Estate, die dagestanden und mit johlendem Gelächter zugeschaut hatten, wie ein Mann mit einem Zaunpfosten totgeschlagen wurde, während er versuchte, sich den Tätern auf allen vieren kriechend zu entziehen. Michael de Gruchy hieß er, ein 29-jähriger Angestellter einer Kanzlei in Moorgate, der zusammen mit seiner kürzlich verwitweten Mutter in Mitcham wohnte. An einem Donnerstagabend im vergangenen September fuhr er mit seinem dunkelgrünen Austin 1100 in den ländlich anmutenden Teil des Bezirks SW15, wo er ihn irgendwann nach 21 Uhr abstellte. In einer schwarzen Lederjacke und leicht angeheitert betrat er die U-Bahnstation in Richtung Wimbledon Common unter der A3 in der Nähe des Putney Vale Cemetery. Sie warteten auf ihn. Nicht direkt auf Michael, sondern auf irgendeinen von *ihnen*.

Ihn zu töten sei keine Absicht gewesen. Das sagte einer der jungen Männer, der ihm wiederholt ins Gesicht getreten hatte, vor Gericht aus, als man ihn fragte, wie das Opfer an Hirnverletzungen infolge eines zertrümmerten Schädels gestorben sein konnte. Michael war noch nicht tot gewesen, als ihn Passanten auf dem Pflaster liegend gefunden hatten. Sie hielten ihn zunächst für betrunken und fragten, ob sie die Polizei holen sollten. Er bat schwer verständlich stöhnend, in Ruhe gelassen zu werden, doch ein Autofahrer rief einen Krankenwagen. Zwei Stunden später wurde er in einer Klinik, die keine anderthalb Kilometer entfernt war, für tot erklärt.

Sie wurden verprügelt oder ausgeraubt. Tunten-Triezen oder Homo-Hauen nannte man es. Der 68-jährige Richter kannte die Begriffe nicht und erkundigte sich bei einem der Mädchen aus der Gruppe danach.

„Homo-Hauen heißt, herumziehen und Schwule vermöbeln."

„Und Tunten-Triezen?"

„Ist alles ein und dasselbe, Mann!" Seine Ehren blieb ungerührt.

Die vier Täter erhalten eine Haftstrafe – der älteste lebenslänglich –, und die acht Schaulustigen wandern in den Jugendknast. Wackere kleine Tunten-Triezer, die bald wunde Ärsche haben werden oder sich bäuchlings auf ihren Matratzen fesseln lassen müssen, während ihre Wärter so tun, als wüssten sie von nichts, oder abwarten, bis sie an der Reihe sind.

Die Klatschpresse tut empört, vornehmlich wegen des Motivs und weniger über die Tat an sich. Die betrüblichen Horrorgeschichten, die sich auf dem Wimbledon Common abspielen, wenn gottesfürchtige Durchschnittsbürger artig schlafen. „Die Hochburg eines sadistischen homosexuellen Geheimbundes", proklamiert die *Sun* angewidert in Bezug auf die Geißel des Anstands, die sogenannten „Leather Queens". Deren Mitglieder tragen identische schwarze Jacken, halbhohe Stiefel, Jeans und „weiße Überzieher"; sie treffen sich zu Orgien am Queensmere Pond, um sich gegenseitig „nackt auszupeitschen", manchmal „bis zu 300-mal nacheinander". Jedes Wort ist Sensationsmache.

Ein tapferes Schreiberlein wagt sich in die Tiefen der Siedlung, wo es zwei anonyme Kids, nennen wir sie A und B, folgendermaßen schildern:

A: *Wenn man eine Schwuchtel verdrischt, hat man nicht das Gefühl, was Falsches zu tun, im Gegenteil. Wenn man Kohle von einer Schwuchtel will, kriegt man sie auch – man braucht keine Angst zu haben, weil man weiß, dass sie nicht zu den Bullen gehen werden.*

B: *Früher reichte es uns, ihre Autos zu demolieren. Darum hat de Gruchy seine Karre so weit weg geparkt. Damals fuhren sie noch in ihren Stadtklamotten bis hierher und zogen den Lederkram an, um dann rüber auf den Common zu gehen.*

A: *Hätte mein Bruder Probleme mit einem Schwulen, würde ich dem die Rübe mit einem Backstein einschlagen. Zu Brei. Wäre mir eine Freude."*

B: *Auf einen hab ich mal einen dicken Holzklotz niedergehen lassen. Er ist zusammengebrochen und hat „Hilfe, Hilfe, Hilfe!" gerufen. Wir rannten alle weg. Nachdem man eine Tunte geklatscht hat, wird man mutiger, verliert seine Scheu und nimmt es mit allen auf.*

A: *Wenn wir Typen verhauen, wissen wir, dass sie schwul sind. Ich will nicht von irgend so einem gefickt werden. Das ist wie mit den Kids in West London und den Pakistani. Ich hasse sie, ich verstehe sie nicht. Punkt.*

Ist immer wieder dasselbe.

Die Familien ergehen sich prompt in Unschuldsbeteuerungen. „Etwas muss zum Schutz unserer Kinder vor den Perversen von Wimbledon Common unternommen werden", schimpft der Vater eines der Täter. „Viele Kinder in der Siedlung sind von diesen komischen Leuten belästigt worden. Aus dem Grund hat das mit der Gewalt gegen Schwule angefangen."

Ein Pastor, der für den örtlichen Jugendclub zuständig ist, erhofft sich himmlische Hilfe. „Diese Jungen sind nicht böse", predigt er, „sondern dem schrecklichen Irrtum aufgesessen, sie würden auf diese Weise zum Gemeinwohl beitragen."

England 1970. Höret die Worte des Herrn.

Andere Jugendliche, andere Clubs. Knapp 15 Kilometer südöstlich des Tatorts in Wimbledon. Davids Freunde vertreiben sich die Zeit auf angenehmere Art. Es hat als einer von vielen Folk-Clubs im hinteren Saal von The Three Tuns begonnen, einem geräumigen Pub mit Bogendecke im Tudorstil in der Beckenham High Street. Sechs

Monate später nun ist es eine Kunstwerkstatt. Der Hauptunterschied zwischen Folk-Club und Kunstwerkstatt besteht darin, dass Ersterer von Menschen frequentiert wurde, die zweitklassige Simons und Garfunkels hören wollten, wohingegen Letztere die Grundlagen für ein neues Utopia schaffen soll. Eine Welt der Selbstversorgung, Eigenverantwortung, Liebe und Freiheit, wo alle in gemeinschaftlicher Verzückung zusammenwirken und Nachbarn die schlicht grauen Pflastersteine vor ihren Häusern gegen leuchtend pinke und blaue austauschen, um einer revolutionären neuen Gesellschaft schöne Gehwege zu bereiten. Dafür und als Ort, an dem sich die bunten Sonderlinge des Südostens sonntags zu Musik, Lyrik, Gelächter, Pietätlosigkeiten, Jux und Unsinn versammeln können, ein selbst geschaffenes Kiffer-Shangri-La.

Wegen des Beckenham Arts Lab übersiedelte David von Bezirk WC1 und all dessen Enttäuschungen in die abenteuerliche Wildnis von BR3. Hier durfte er freiweg jeden rohen Akustikentwurf ausprobieren – zwischen Keith Christmas' trockenen Wohnzimmerweisen, dem misstönenden Gepolter von Cliff Penge and the SE20s und allen anderen, die Schneid genug hatten, um sich mit einer Gitarre hinzustellen und vor 100 oder mehr Hippies, Radikalen, Kommunisten, Anarchisten, Party-Girls und nerdigen Jungs, Studierenden, Hausbesetzern, Protestlern und Lebenskünstlern reimlose Verse zu stammeln oder „Suzanne" zu singen.

Dennoch ist nach sechs Monaten alles beim Alten. Zu viel vom selben Alten. Der Saal bleibt unverändert, dito die Öllampen. Die Anwesenden im Publikum, ihre Kleider und Frisuren – lang, braun, Kattun, Blumenmuster –, der Geruch von Rauchkerzen, Tabak und dem Haschisch des vorangegangenen Abends, die Köpfe hinterm Mikrofon und die Lieder, die sie singen, die engen Pullis und weiten Jeans, die sie tragen, die rezitierten Gedichte, zaghaften Ansprachen und schüchternen Danksagungen, der höfliche Applaus und die kichernden Mädchen, die sich mit anzüglichen Blicken glänzend blau gefärbte Strähnen aus der Stirn streichen und Bierschaum von Oberlippenbärten in zu jung dafür aussehenden Gesichtern wischen, der klebrige karierte Teppich und die unwirklich herkömmliche Velourstapete. Alles und jeder. Verdammt noch mal unverändert.

Die Kunst ist zum Krampf verkommen, und die Experimente sind vorbei. Von Happenings kann keine Rede mehr sein, und im Zuge der Stagnation hat die Anziehungskraft nachgelassen, die wie ein Kapitän mit fester Hand am Ruder jemanden wie David auf der Bühne geerdet hatte. Er zieht sich nach und nach zurück, doch worauf das hinausläuft, lässt sich klar erkennen: Alle Mann von Bord.

In Gedanken treibt er in Haddon Hall wie eine Rettungsboje vor sich hin, während er den *Melody Maker* aus dieser Woche durchblättert. An Led Zeppelin kommt man derzeit nicht vorbei, und hier sind sie wieder: ein Foto von Davids altem Session-Weggefährten Jimmy Page auf der Titelseite. „Paganini der Seventies", so nennt ihn das Blatt. „Das neue Jahr ist noch jung, doch britische Gruppen haben schon einen Großangriff auf den amerikanischen Markt gestartet", heißt es. Britische Gruppen. Nichts über britische Sänger.

Er liest weiter, die Inserate. Das Marquee bewirbt seinen Auftritt in der kommenden Woche. „David Bowie". Eine Wohltat, nachdem ihn *Time Out* als „David Berry" aufgeführt hat. Das restliche Programm des Marquee besteht wieder größtenteils aus Bands. The Groundhogs. Daddy Long Legs. Sweet Water Canal. The Time Box. Rare Bird. Toast. Das Gleiche in den anderen Anzeigen. Deep Purple, Mott The Hoople. Alles Gruppen. Und viele haben wie Toast nur ein Wort als Namen.

Taste.

Yes.

Spirit.

Family.

Free.

Spice.

Fire.

Screw.

Heaven.

Smoke.

Bottle.

Smile.

Egg.

Da sind er selbst, Keef Hartley, Al Stewart und John & Beverley Martyn. Ansonsten quasi nichts als Eier auf Toast. So viele Gruppen, dass sogar die Hochglanz-Mädchenmagazine *Jackie* und *Mirabelle* unrasierten Unschönheiten wie Ten Years After ihre Poster widmen. David hat keine Band, nur regelmäßige Mitmusiker. Tony am Bass und den getreuen John als Drummer. Manchmal auch Tim, den Gitarristen von Johns Band Junior's Eyes, aber die Besetzung ändert sich von Gig zu Gig. Manchmal sind alle mit dabei, ein andermal nur ein paar von ihnen. Und unabhängig davon, wie viele Personen auf der Bühne stehen – eine oder vier –, liest man auf den Plakaten „David Bowie". Es sei denn, jemand druckt fälschlicherweise „David Berry".

Da kommt Land in Sicht, erst noch ganz fern an seinem Horizont: eine Idee. Er braucht eine Band, und diese Band muss eine Einheit bilden. Ein richtiges Quartett mit einem prägnanten Einwortnamen wie Krach, Bums oder Wow. Gemeinsam mit Tony, John und Tim steht er im Grunde in den Startlöchern. Allerdings haben Junior's Eyes nun beschlossen, sich nach ihrem nächsten Auftritt in seinem Vorprogramm aufzulösen, und Tim ist schon mit Terry Reid's Fantasia verbandelt. David fehlt also ein fester Gitarrist, und ohne einen solchen kann im Rock 'n' Roll der 1970er keine Gruppe bestehen.

Er braucht einen eigenen Page. Einen Virtuosen. Einen Meister melodischer Capricen, der die Freiräume rings um die Stimme füllen, drücken und schieben, gleißende Sechzehntelnoten zu Rokoko-Schweifen aus verstärktem Schall zerdehnen und verbiegen kann. Die Frage ist bloß: Wer kann das sein?

LEADGITARRIST. Gibson.
Sucht professionelle oder halbprofessionelle
Band. Kreativ. Eigenes Material …

„Eigenes Material"? Gott, nein. David wird ihn nicht unter den schäbigen Opportunisten in den klein gedruckten Annoncen des *Maker* finden.

Trotzdem: *Wer?*

„Ich kenne jemanden."

Eine vertraute Stimme meldet sich aus einer Zimmerecke. John hat zugehört. Zunächst rührt sich niemand.

„Einen Kumpel von mir in Hull."

Jetzt reagieren sie. Tony gibt ihm mit einem Blick zu verstehen, er möge Klartext reden. John ignoriert ihn.

„Im Ernst, er spielt echt gut. Jeff Beck, Hendrix – er hat alles Mögliche drauf."

Damit hat er Davids Aufmerksamkeit gewonnen.

„Ich fahr dieses Wochenende nach Hause und kann ihn im Auto mitbringen, wenn ich zurückkomme."

Eine hochgezogene Augenbraue, eine aufglühende Zigarette.

„Check einfach, wie er so ist, und falls du denkst, dass er zu nichts taugt, nehme ich ihn wieder mit. Damit er halt mal 'ne Chance kriegt."

David kratzt sich an einem Mundwinkel. „Ein Kumpel von dir?"

„Richtig."

„Aus Hull?"

„Ja."

David schaut Tony an. Ein Achselzucken. Ein leichtes Grinsen. Dann wendet er sich wieder an John. „Dieser Kumpel von dir, wie heißt der?"

SECHS

Eine seltsame Endbahnhofsstadt mit charakteristischem End-
bahnhofsodeur. Jeder, der sie einmal gerochen hat und mit verbundenen
Augen hindurchgeführt wird, dürfte anhand des bekannten säuerlichen
Geschmacks im Rachen wissen, wo er ist. Die Einheimischen sagen,
das liege an den Abgasen aus der Kakaoherstellung, die der Wind
von Norden her verweht, aber kein Kakao hat je so nach Lebendig-
begraben-Werden geschmeckt, wie Hull stinkt.

Eigentlich lautet der Name der Stadt Kingston; Hull heißt der
Fluss, an dessen Nordufer sie an der Stelle liegt, wo er in den Humber mündet und kurz darauf mit ihm vereint ins Meer fließt. Sie ist
aber weniger „Königsstadt" – King's Town – als „Hülle", ausgehöhlt
gewissermaßen von der Stahlindustrie und den Bomben der deutschen Luftwaffe und dann noch hart getroffen von einer Polio-Epi-
demie. Das Terrain ist flach, der Akzent breit, das Farbspektrum
weist vornehmlich Grau- und Brauntöne auf, wobei selbst die weißen
Telefonzellen wie ausgeblutet aussehen. Hull lässt sich mit keinem
anderen Ort vergleichen, und kein anderer Ort wollte je sein wie
Hull. An manchen Tagen unter bedecktem Himmel, wenn die Straße
klamm und die Luft besonders schokoladig ist, weiß Hull selbst nicht
genau, ob es Hull sein möchte.

Mick hat nie etwas anderes gekannt. Er ist in Hull geboren und
verwurzelt; mit 23 hat er die Wiesen der Stadt gemäht, ihre Sportplätze markiert und ihre Blumenbeete geharkt. Nicht freiwillig, doch
er nimmt den Hungerlohn hin, der sein glückliches Los ist, nachdem
er geträumt, oft etwas ausprobiert und zu oft versagt hat. Jemand
von anderswoher wäre verbittert, doch er ist Hulls ureigener Michael

Ronson: großgezogen, um seine verschlafenen blauen Augen auf den Dreck am Boden zu richten, statt der Enttäuschung zu trotzen und nur einmal nach irgendeinem Stern zu greifen. Mit einem Rechen in der Hand ist er der Gegenentwurf zu einem Märchenprinzen, ein gut aussehender blonder Wikinger mit Wimpern wie Claudette Colbert und einem hauchzarten Tonfall, der sich zum Gurren von Liebesgedichten unter Balkons eignet. Die eigentliche Ballschönheit, das Aschenbrödel der städtischen Landschaftspflege. Er gräbt den Boden um, leert Schubkarren und schneidet Hecken – mit Händen, die neue Sternbilder vom Himmel schütteln können. Er steckt Spaten in Erde statt Kabel in Verstärker, greift Grasbüschel anstelle von Akkorden und lässt Benzinrasenmäher surren, statt den bleiernen Himmel über dem Humber mit einem Gitarrenfeuerwerk aufzureißen. Dergleichen gilt in der Gegend als nicht weiter tragisch; so spielt das Leben eben mit den hellen Köpfen von Hull. Heute Rampensau, morgen Sozialbau.

Mick gehört der Kirche Jesu Christi der Heiligen der Letzten Tage an, doch seine Religion ist die Musik. Er kann Noten lesen und schreiben, beherrscht Klavier, Fiddle und Flöte. Als aufgeweckter Junge begriff er schnell, dass man auf dem Greatfield Estate Ärger provozierte, wenn man mit einem Geigenkasten herumlief. Bis das flirrende Fanal des Rock 'n' Roll irgendwann Fortuna auf den Plan rief, die ihn entdeckte, rettete und mit einer Klampfe beschenkte.

Erste Sporen verdiente sich Mick, an Duane Eddy und Hank Marvin geschult, inmitten etlicher Möchtegern-Chuck-Berrys, die in Ford Transits durch den Bezirk East Riding tingelten, in Gemeindehallen, Kneipenhinterzimmern und Ballsälen. In der Welt, die sich vom Beverley Regal bis zum Kon-Tiki Club und von den Ständern voller Beatles-Klamotten bei Royce's bis zum Café Gondola erstreckte, war Mick ein Star. Aber nur dort. Indem er sich im Fußballweltmeisterschaftssommer '66 mit 19 Jahren über den Horizont des örtlichen Skyline Ballroom hinauswagte, weil er Ruhm witterte, forderte er sein Schicksal heraus: Nachdem er seine Kündigung bei der Genossenschaft eingereicht hatte, machte er sich mit der Gitarre in der Hand gen Süden auf.

Harlow war nicht London, doch Tisch und Bett eines Freundes seiner Familie dienten insoweit als Sprungbrett, als er von dort aus in einer halben Stunde mit dem Zug hingelangte. Harlow lag näher an der Hauptstadt als die Plattenregale von Stardisc, Sydney Scarborough oder die Hörkabinen im Kaufhaus Hammonds, wo Vinyl-Meteoriten gehütet und gehandelt wurden wie aufregende Belege von intelligentem Leben auf einem unerreichbar fernen Planeten.

London kam Mick auf eine beruhigende Art fremd vor, unergründlich groß, schwindelerregend schnelllebig, blendend hell und ohrenbetäubend laut. Dort war er nur irgendein winziges Atom orientierungsloser Menschlichkeit, das zwischen den Straßenlampen hin und her schwang. Zuflucht vor dem Chaos suchte er in den Annoncen der Musikpresse und Kaffee, den er einsam in Soho trank, wo der Dampf die Fenster beschlagen ließ. Wenn er ein Guckloch in den Dunst wischte, quietschte es, und er sah eine Welt, die nicht darauf wartete, dass er angetanzt kam. Er schnitt sich die Haare ab und zog sich der Mode im West End entsprechend an, doch die Hoffnung auf seine Chance schwand von Tag zu Tag. In der Annahme, sie dann doch endlich gefunden zu haben, trat er als Leadgitarrist einer Gruppe psychedelischer Taugenichtse bei, die ihre Gehirne bei einem Scientology-Splitterkult abgegeben hatten, um für lau in einer luxuriösen Stadtvilla in Mayfair hausen zu dürfen. Mick bekam wöchentlich etwas Geld und konnte daher aufhören, von Essex aus zu pendeln. Er quartierte sich in Primrose Hill ein, wobei die Aussicht auf einen Managementvertrag mit Donovan-Förderer Mickie Most und einen Auftritt bei *Ready Steady Go!* genügten, um nagende Zweifel an den Endzeitprophezeiungen seiner Gönner zu zerstreuen. Dann allerdings machte sich die Bande mit ihrem Nostradamus-Verschnitt aus dem Staub, um auf den Bahamas Vorkehrungen für den nahen Weltuntergang zu treffen. Mick blieb allein in London zurück und war wieder dort, wo er angefangen hatte.

Zum Broterwerb nahm er eine Stelle in einer Autowerkstatt an, gab aber seinen Traum nicht auf und schloss sich der erstbesten Combo an, die ihn haben wollte. Es funktionierte alles nicht, seine Stimmung verschlechterte sich schneller, als das Laub im ersten Herbst welkte, den er in der Metropole erlebte. Auf der gegenüberliegenden Seite der Gleise an der Gloucester Avenue, wo er seine Bude hatte, sollte bald zur Markteinführung der *International Times* eine Bahnrotunde aus der viktorianischen Zeit als neues Kunstzentrum öffnen. In Chelsea und Mayfair am anderen Ende Londons drehte Michelangelo Antonioni die letzten Szenen für *Blow Up*. Die Hauptstadt schipperte auf den Höhepunkt der Sixties zu, und Mick wurde seekrank. Seine Aussichten waren so finster wie „All Or Nothing", die neue Nummer 1 von den Small Faces, und er traf eine Entscheidung: Er löste eine einfache Fahrkarte zurück nach Hause ins Nirgendwo. Als Hull seinen verlorenen Sohn wiederhatte, stand Jim Reeves an der Spitze der Charts. Seit dem Tag, an dem er weggezogen war, hatte Mick zwei weitere Rückschritte in seinem Leben gemacht.

Der sichere Arbeitsplatz in einer Farbenfabrik entsprach dem „gewöhnlichen, schlichten Dasein", von dem er in Briefen an seine Familie fantasiert hatte. Er war nicht komplett an London zerbrochen, und den Rest Ehrgeiz, der darauf wartete, neu entfacht zu werden, beflügelte eine lokale R&B-Band, die in ähnlicher Weise drei Jahre lang unter enttäuschten Hoffnungen, Mitgliederausstiegen und zwei gefloppten Singles beim selben Label wie The Dave Clarke Five gelitten hatte.

The Rats, denen Benny Marshall mit kratzigem Kinnbart und noch kratzigerer Stimme vorstand, waren wirklich wie Ratten auf einem sinkenden Schiff, die Mick in ihrer Not genauso brauchten wie er sie: er ihr Hendrix, sie seine Experience. The Rats coverten jetzt Stücke von Jimi, Cream und Moby Grape. Die beherrschte Mick neben allem anderen, was er den Lehren seines neuen Propheten Jeff Beck von den Yardbirds der Letzten Tage verdankte. Der verzückte Aufschrei in „Over Under Sideways Down" – Mick nannte ihn „Geigengitarrensound" – war der Schlüssel. Nach Beck brauchte er sonst niemanden mehr zu hören, bekehrt zu einem Leben der Nachahmung als aufrichtigster Form von Schmeichelei.

Drei Jahre Leerlauf ohne Bedeutung. Tagelang Zeit in der Fabrikhalle totschlagen. Abends Selbstgedrehte und Schwarzen Samt: Guinness mit Cidre als Schampus-Ersatz. Am Wochenende Gigs mit den Scarborough-Rivalen The Mandrakes und ihrem zu glatten Allen Palmer als Anheizer. Gekreische, Schulmädchen, Rasthof-Imbisse und klappernde Achsen auf abgeschiedenen Parkplätzen. Nur selten entlockte ihm ein Flügel in der Ecke eines Gemeindesaals beim Ausladen des Equipments ein paar beiläufig angeschlagene Töne von „Für Elise" – die Offenbarung von Talenten eines verkappten Maestros, die unausgeschöpft waren. Und es blieben.

The Rats machten neue Aufnahmen, nahmen aber nie etwas Neues auf. Sie versuchten es mit einer Umbenennung zu The Treacle. Drummer und Bassisten wurden ausgewechselt, andere Covers und Bühnenklamotten probiert. Trotzdem änderte sich nie etwas für die Band oder Mick, höchstens die Girls und die Gitarren.

Ein Heimspiel an einem Samstag im Winter '68. Während sich die Tigers-Fans, die aus dem Boothferry Park strömten, nach einem 3:3-Unentschieden gegen Cardiff City betrogen fühlten, erfüllte sich während eines Tauschhandels in Cornell's Music Shop drüben an der Spring Bank eine Vorsehung: Mick gab seine blonde Telecaster für eine neue schwarze Les Paul Custom in Zahlung. Er nahm sie gleich zu einem Auftritt mit, den The Treacle an jenem Abend in einer Schule in Melton ein paar Kilometer westlich von Hull absolvierten, um sie auf der Bühne einzuweihen. Später meinte er, die Bundierung optimieren und die Farbe ändern zu müssen, beizte den schwarzen Ahornkorpus ab und spielte sie naturbelassen. Unter Bühnenscheinwerfern glänzte sie durch den Klarlack goldfarben; Jason hatte sein Vlies gefunden.

Alles andere war wie Treibgut aus einem Schiffswrack: eine neue Anstellung bei der Kommune als Landschaftsgärtner. Eine Freundin unter 20. Noch ein Gig in einer Hauptschule in East Hull. Als gebranntes Kind überlegte es sich Mick allerdings zweimal, nach London zurückzukehren. Es grenzte schon an ein Wunder, dass ihn sein Greatfield-Nachbar, der Singer/Songwriter Michael Chapman, der trotz eines Vertrags mit dem neuen EMI-Prog-Label Harvest in der Stadt blieb, dazu überreden konnte, sich ein paar Tage freizunehmen, um auf seinem nächsten Album Gitarre zu spielen. Mick verbrachte vier Tage in einem Kellerstudio in der Denmark Street und lebte den Traum, der sich drei Jahre zuvor nicht erfüllt hatte. In der darauffolgenden Woche mähte er wieder Gras. Chapman konnte nicht begreifen, dass er nicht bei The Rats aus- und in seine Liveband einstieg. Mick fand daran nichts Ungewöhnliches; er hatte seine Gitarre, seine Band, seinen Job, seine Denise, seine Welt, sein Hull. Es war kein Leben auf großem Fuß, aber für ihn war es ausreichend.

Das redet er sich jedenfalls ein. Ausreichend. Selbst an diesem kühlen Wintermorgen: dicke Socken, die Hosenbeine in seine Gummistiefel gestopft, die marineblaue Donkeyjacke fest zugeknöpft.

Wohin soll's heute gehen?

Sportplätze an der Andrew Marvell School. Die Linien müssen nachgezeichnet werden. Das ganze verdammte Gelände. Braunes Teeröl, ist billiger als Farbe. Den Abdruckroller gefüllt, und auf geht's: ein Mann, seine Maschine und die geheimen Sinfonien in seinem Kopf. Er zieht die Linien gleichmäßig über den gefrorenen Boden und riecht das Teeröl; Melodien, die nur er hört, flippern zwischen seinen Ohren, übertönen das quietschende Rad des Rollwägelchens, den Straßenverkehr in der Ferne, gelegentliche Möwenschreie, die leise Stimme von jemandem, der nach ihm ruft.

„*Mick!*"

Musik, Quietschen, Möwe, Verkehr, Stimme.

„*Mick!*"

Quietschen, Musik, Verkehr, Stimme, Möwe.

„*Mick!*"

Möwe, Quietschen, Stimme, Musik, Verkehr.

„*Mick!*"

Verkehr, Stimme, Musik, Möwe, Quietschen.

„*Mick!*"

Er hält inne. Als er sich umdreht, sieht er jemandem über den Rasen auf sich zukommen.

„Mick!"

Er erkennt ihn. Einen ehemaligen Mitmusiker von The Rats.

„Oh, hallo John."

Eigenartig allerdings. Als er das letzte Mal etwas von ihm gehört hatte, hieß es, dass John nach London gezogen war.

„Was um alles in der Welt machst *du* denn hier?"

Er wollte ein Beatle oder Stone sein, also wurde er, als er mit 15 die Chance bekam, ein Gonk. Erste Band, erstes Schlagzeug. Der große Wurf gelang The Gonks, als sie ein lokales Konzert von R&B-Acts aus East Riding und Beverley im Regal Ballroom eröffnen durften. Dort begegnete John Cambridge zum ersten Mal dem älteren Kerl von The Crestas mit der Gitarre, die blond war wie seine Haare. Ein Star wie in Zellophan gewickelt.

Mit 16, als er bei den Gonks raus und rastlos war, meldete sich John auf eine Anzeige im *Melody Maker* hin bei einer „professionellen Gruppe" ohne Namen, die einen neuen Drummer suchte. The Hullaballoos – nach Hull benannt, wonach wohl sonst? –, nach denen in England kein Hahn krähte, hatten Amerika im Sog der British Invasion mit finanzieller Hilfe des exzentrischen Gutsherrn des größten Schlosses in East Riding glauben gemacht, eine große Nummer zu sein. Nach erfolgreichem Vorspielen fand John einen neuen Freund in dem anderen erst kürzlich hinzugestoßenen Mitglied Mick Wayne, einem Sänger und Gitarristen aus Surbiton, der seine karge Existenz in einer Einzimmerwohnung hinter den Schwimmbädern auf der Albert Avenue in Hull liebend gern für Kost und Logis bei Johns Eltern aufgab.

The Hullaballoos trennten sich allzu bald, woraufhin Wayne in den Süden zurückkehrte. Da er sich John allerdings zu Dank verpflichtet fühlte, wollte er sich eines Tages bei ihm revanchieren. Ihre Freundschaft, der erste Stoff für zukünftige Legenden.

Der Sixties-Beat grassierte weiter am Humber. John blieb am Ball, so gut er konnte, indem er in einer Combo, die wie ein örtliches

Kino ABC hieß, rudimentären Soul spielte. Vom Glück verwöhnt war er nicht gerade, doch bald erhielt er an einem Tisch im Café Gondola ein besseres Angebot von dem Blondschopf, der bei den Crestas gewesen und dann nach London verschwunden war. Jetzt wieder daheim. Mick Ronson fragte John, ob er The Rats beitreten wolle. Weiterer Stoff für Legenden.

Ronson ersetzte Wayne als neuen Mick in Johns Leben – Freund, Bandkollege und Mitkomponist eines leicht psychedelischen Rats-Songs über den Tod eines Kohlebergarbeiters: „The Rise and Fall of Bernie Gripplestone". John ließ sich für den Namen von Lennons Rolle als Gripweed in *Wie ich den Krieg gewann* inspirieren, während Mick den Rest des Titels aus „Flingel Bunt" von The Shadows entlehnte. Die Rats hielten das Stück in einem kleinen Studio etwas abseits der Great Gutter Lane für die Nachwelt fest. Dem Ort entsprechend blieb es von der Öffentlichkeit unbeachtet.

John war 1968 derjenige, der zur Umbenennung zu The Treacle riet, doch die Band wechselte wieder zu The Rats, als sie ihn im darauffolgenden Frühling schasste; vor die Wahl gestellt, einen zusätzlichen Probetag einzulegen oder Darts spielen zu gehen, hatte er sich für Zweiteres entschieden. Er räumte ein, die Gruppe sei mit einem anderen Schlagzeuger besser bedient, und verabschiedete sich nach seiner letzten Probe im Gemeindesaal eines Dorfes außerhalb von Hull, das Woodmansey hieß. „Holzfäller" … Das Schicksal hatte einen verschrobenen Sinn für Humor.

Doch John blieb nicht lange im Abseits, denn sein alter Hulla-balloos-Retter Mick Wayne kreuzte rasch wieder auf und lud ihn ein, sich seine neue Band anzuschauen: Die schwer lärmigen Junior's Eyes aus London gaben ein Konzert in Scarborough. Gegen Ende des Auftritts wurde John genötigt, zum Jammen auf die Bühne zu steigen. Drei Tage später wurde er ihr neuer Drummer.

Dies bedeutete ein Wochengehalt von 50 Pfund und statt seines Betts in Hull eine Matratze auf dem Boden der Garage eines Hinterhauses in Marylebone, die er sich mit Tim, dem Gitarristen, und Roger, dem australischen Roadie, teilte. Die Band hatte mit Johns

Vorgänger bereits ihr Debütalbum aufgenommen, *Battersea Power Station*. Es war von Tony Visconti produziert worden und erschien im selben Monat, als Mick Wayne Überstunden bei einer Session für ein Lied über einen todgeweihten Astronauten namens Major Tom im Trident machte. Er spielte das Slide-Solo mit einem Zigarettenanzünder der Marke Ronson. Merkwürdige Zufälle gibt's …

Tony hatte Wayne empfohlen, obwohl er „Space Oddity" nicht produzierte. Als es dann an die restlichen Stücke von Bowies Platte ging, heuerte er ihn wieder an – und die anderen Mitglieder seiner Gruppe ebenfalls. So wurde Junior's Eyes zu Davids Band und John Cambridge zu seinem Schlagzeuger. Und so kam es, dass der Sänger den Namen Mick Ronson viele Monate später unter den schimmeligen Zimmerdecken von Haddon Hall erstmals aus dem Mund des Trommlers hörte, als dieser ihm weismachen wollte, ein Freund von ihm aus Hull sei gut genug, um bei David Gitarre zu spielen.

Jetzt fährt John schon den ganzen Morgen auf der Suche nach ihm durch den Osten der Stadt. Bilton, Longhill – er hält nach der transportierbaren Holzhütte der Gemeindegärtnerei Ausschau, in der Mick für gewöhnlich Teepause macht. Als er sie findet, ist sein Freund nicht da, nur dessen Kollege Trevor.

„Mick? Arbeitet oben an der Andrew Marvell. Auf den Rugbyfeldern."

Die Schule. Rugby. Ein kurzes Stück weit die Straße rauf.

Da ist er! Und wo sonst außer am hintersten Ende des Platzes? Klar.

„Mick …"

„Was um alles in der Welt machst *du* denn hier?"

John beantwortet Micks Frage. Junior's Eyes werfen die Brocken hin, weshalb er jetzt nur noch für David Bowie spielt. Den Typen, der „Space Oddity" gemacht hat.

Mick hört zu, während er sein Wägelchen weiterschiebt, das wie eine Schnecke eine braune Spur hinterlässt. John geht nebenher.

David braucht einen Gitarristen. Darum ist er hier. Um Mick zu fragen, ob er Interesse hat.

„Aha … Äh … Nein."

Das sagt er kopfschüttelnd, ohne stehen zu bleiben. Das Rad quietscht, das Teeröl markiert. Mick schiebt immerzu. John hält Schritt.

Er versucht es wieder. David Bowie. London. Gigs. Platten aufnehmen. Geld. Eine feste Bleibe.

„Ich? Nein."

Herrgott! Niemand Geringerer als David Bowie. „Space Oddity". Top 10. Ein Auftritt im Marquee noch diese Woche. Einfach mitkommen und ihn kennenlernen. Freie Fahrt, kostenlose Unterkunft. Nichts zu verlieren.

„Ach … Äh …"

Das Zögern eines Verletzten, der tiefe Narben davongetragen hat. Nein, nicht noch einmal. Nicht zurück in dieses London. Also, das Ding neulich mit Michael Chapman, das war ja nur für'n paar Tage. Aber es reichte.

„Nee, lass gut sein."

Mick ändert seine Richtung plötzlich um 90 Grad. John folgt ihm weiter. Er wird nicht aufgeben, denn das kann er nicht. Nun ist er eine Marionette der Geschichte, und falls er nicht so tanzt, wie sie seine Fäden zieht, werden die Zeitläufe in sich zusammenfallen, Bühnenlichter ausgehen, Galaxien nie entdeckt werden und ihre Sterne nicht leuchten. Tanzflächen werden leer bleiben, Transistoren verstummen, Graffiti nicht gesprüht werden, Liebende den Namen des jeweils anderen nicht aussprechen, keine Helden und Heldinnen aus den Plattenbauten emporsteigen, keine neuen Lebensarten entstehen und Identitäten verlorengehen, weil sie keinen Lippenstift auftragen dürfen. Gemälde werden nicht aufgehängt, Filme nicht gezeigt, auf Kleiderständern nur Grau in Grau präsentiert werden, keine Bewegung wird losgetreten und keine Revolution angezettelt, Seelenverwandte werden nie aufeinandertreffen und Teenager, die keine Orgasmen erleben, werden milliardenfach Opfer eines gnaden- und samenlosen Massenmordes von Körper und Geist.

Das alles steht auf dem Spiel, und kein einziger Blitz geht vom Himmel nieder, um Micks Gedanken auf die Sprünge zu helfen. Mick, *denk* doch einfach mal!

Das Rad des Rollwägelchens bleibt stehen. Die Felder sind fertig, die Markierungen makellos. John ist aber immer noch da und labert weiter über einen Job in London bei diesem Knilch namens David Bowie.

London?

Der Name zerrt an seinem Herzen wie die Kette eines Schiffsankers. Und Hull wieder verlassen? Seine Rats? Milton Grove 8 den Rücken kehren, Mama und Papa, den Geschwistern Maggi und David? Denise, ihren Verlobungsringen und den eingegangenen Verpflichtungen? Carr Lane, Whitefriargate und Land of Green Ginger? Stinkendem Kakao-Wind, grauem Himmel und Teeröl? Den Enttäuschungen entsagen? Der Frustration? Wut? Angst? Was ist mit dem Versprechen, nie mehr wegzugehen?

„Komm schon", drängt John, und die Zeit scheint stillzustehen. Mick holt Luft. Dann öffnet er den Mund.

„Also …

……

……

……

… erzähl mal.“

SIEBEN

Der lindgrüne Hillman Minx YWF 67 mit cremefarbenem Verdeck biegt von der Wardour Street ab in die schmale Gasse hinterm Marquee und bleibt stehen. Die restlichen Mitglieder von Johns Band sind schon drinnen und bauen auf. Nachdem Mick eingetreten ist, schaut er sich die berühmte Bühne mit den Streifen und den schwarzen, leeren Raum davor an, wobei er sich daran erinnert, wie er in seinem einsamen, verlorenen Jahr 1966 in London ein paarmal davon geträumt hat, sie zu betreten. Junior's Eyes machen ihr Equipment für ihr Abschiedskonzert bereit. Für John und ihren Gitarristen Tim wird es ein längerer Abend werden, weil sie David begleiten und somit zwei Sets spielen.

Draußen wird es dunkel, der Einlass beginnt, lange Haare flattern in den Club und die Segel einer Armada eng sitzender Hosen mit ausgestellten Beinen. Junior's Eyes eröffnen heiß und erkalten danach für immer, doch nach so viel Schwermut lässt die neue David-Bowie-Band die Sonne aufgehen. Micks Blick huscht zwischen Tims Greifhand und den Fingern des zwitterhaften Frontmanns mit der Zwölfsaitigen hin und her. Ihm gefällt, was er hört – Songs mit Melodien und mutigen Akkordwechseln, *musikalische* Musik mit abgerundeten Ecken, die gerne etwas kantiger sein dürften – und sieht: einen Sänger, der mit hochfahrender Stimme *singt*, ein Gesicht, das es wissen will, und einen Körper, der es bekommt. David meint es ernst. Zumindest das steht für Mick fest.

Noch sind sie einander nicht vorgestellt worden. Die Gelegenheit dazu ergibt sich weder in der Nervosität vor dem Gig im Backstage-Bereich, weil jeder zu sehr mit sich selbst beschäftigt ist, noch kurz nach dem Auftritt, wenn die Adrenalinspiegel so schnell sinken, wie Stecker und Kabel gezogen, Geräte zusammengepackt und nach draußen gekarrt werden, während man das Erlebte in Zeitlupe Revue passieren lässt. Es geschieht nicht mehr im Marquee, wo die Bar „soft" ist und nichts Hochprozentiges anbietet, sondern ein paar Türen weiter, also noch in Soho, im Club La Chasse – „die Jagd" –, der eine Alkoholkonzession hat. Erst dort tritt David aus dem geheimnisvollen Nimbus des David Bowie im Rampenlicht, wird zu Johns Kumpel Dave und bequemt sich, mit dem blonden Nordengländer in ihrer Mitte zu sprechen. Eine richtige Unterhaltung entsteht dennoch nicht. Nach der Show ist David zu erschöpft, um mehr als Höflichkeiten auszutauschen, und Mick allzu demütig, wie es jemandem aus Hull geziemt.

Ein Szenen- und Sprachwechsel ist vonnöten, um diese beiden gegensätzlichen Gemüter aus dem Norden und Süden nachdrücklich miteinander zu verschmelzen. Die Szene: Haddon Hall, wo Mick mit John und Roger auf dem Wohnzimmerfußboden übernachten wird, zur Geisterstunde vorm Schlafengehen. Die Sprache: Musik. Als sie mit Akustikgitarren unter sich sind, drückt Mick endlich alles über seine Finger und die Saiten aus, was er nicht in Worten über die Lippen bringt. In dem Moment verharrt David und lauscht. Im selben Zimmer, wo er und Tony vor kaum einer Woche saßen und sich insgeheim wie zwei ungläubige Spaßvögel darüber lustig machten, dass der, den sie begutachten wollten, John zufolge zwar nicht munter, aber gesund in einer fernen Stadt wohnte, deren Name sich nur um einen Vokal von „hell" für „Hölle" unterscheidet. Der Gottesbote des Sounds, der nun hier sitzt und David auf die Griffel schaut, dessen Augen und Ohren den Akkorden folgen, um ihre Dichte mit sanften Schnörkeln und eleganten Kringeln zu verschönern. Bei Mick dreht sich alles um Instinkt, Verstand und Harmonien. Er spielt nicht bloß mit, sondern stimmt ein. Verbindet sich. Er achtet auf Räume, von denen David nicht weiß, dass sie da sind, und schöpft silbriges Licht aus ihren stillen Tiefen.

Der Wachtraum von letzter Nacht wird taghelle Realität, als Mick die Augen öffnet und feststellt, dass er sich immer noch in einem

Wunderland aus hohen Decken, Steinbögen und Buntglasfenstern befindet, die vibrieren, während in der Nähe Amerikaner sprechen. Bis zur Mittagszeit sind alle aufgestanden, woraufhin David ihren Instrumentaldialog fortsetzt. Für Mick handelt es sich nur um irgendeinen weiteren Jam, doch John kennt David gut genug, um seinen Blick als fassungsloses Staunen zu deuten, und sieht seine Mission als erfüllt an. Auch Tonys Gesicht ist ein Porträt stummer Ehrfurcht, wohingegen sich Angie in ihrer Begeisterung weniger zurückhält: Sie erkennt in Micks Antlitz eine Leinwand, die sich nach Farbe sehnt, und hört zu seinem Spiel Publikumsjubel in der Carnegie Hall. Er ist hübsch, begabt, gutmütig, willens und sehr talentiert. Was sie David sagt, weiß er bereits: Mick ist sein Mann.

Indes bezweifelt er, dass Mick es selbst auch weiß. Herausfinden lässt sich das nur durch einen Initiationsritus, wozu sich in dieser Woche eine Gelegenheit bietet. Feuertaufe im Radio. Heute ist Mittwoch, morgen soll David ein Konzert vor Zuschauern aufnehmen, das die BBC am Sonntag senden möchte. Er wollte einige Stücke solo darbieten, die übrigen mit John und Tony, doch bislang fehlte ihm ein Gitarrist. Er bittet Mick, den Posten zu übernehmen, sowohl auf der Bühne als auch im Radio. Dabei wird er einschätzen können, wie hoch das Herz hinter der sachten Stimme und den langen Wimpern wirklich schlägt.

Als Mick David „Radio" sagen hört, wird ihm so heiß, dass sein Schädel brummt wie jedes Transistorgerät in jedem Jugendzimmer von Bransholme bis Gipsyville, wenn er die Saiten streichelt. Sie haben einander vor weniger als 24 Stunden kennengelernt und bis zu dem Auftritt sind es ebenfalls nur 24 Stunden, ohne dass sie im Vorfeld ordentlich proben werden. Mick wäre wahnsinnig, wenn er Ja sagte, und ein Trottel, wenn er das Angebot ablehnte. Zu Davids Freude plädiert er auf Wahnsinn.

„Im Nachmittagsprogramm begrüßen wir heute David Bowie, der unter Hitparaden-Hörern mit einer der besten Platten des vergangenen Jahres berühmt geworden ist: ‚Space Oddity'."

Die Stimme gehört Marcs Freund Peel, der sich damit im Paris Theatre der BBC ans Publikum richtet. Es befindet sich von der Sendeanstalt aus nur wenige Meter die Straße runter, und das „Nachmittagsprogramm" besteht aus einem Donnerstagabendkonzert, das für *The Sunday Show* am bevorstehenden Wochenende mitgeschnitten wird; Peel selbst nennt die Sendung „ein ziemlich schickes Radio-1-Format".

„Während des Auftritts werden sich später noch einige weitere Musiker zu ihm gesellen, aber darauf komm ich zu sprechen, wenn es so weit ist."

Das heißt, nach vier Sololiedern sowie zwei weiteren mit Tony und John: „Im nächsten Stück hören wir außer John Cambridge am Schlagzeug und Tony Visconti am Bass – nicht zu vergessen natürlich David an der Gitarre – Mick Ronson, der Leadgitarre spielen wird …"

Und dann steht der Humber unter Strom.

„… und schon auf Michael-Chapman-LPs zu hören war; falls jemand von euch Michael Chapman kennt …, einer meiner Lieblingssänger …"

Und von diesem historischen Augenblick an kalter Kaffee.

Niemand kennt die Platte von Chapman – Singular, korrekt – mit Mick, deren Titel *Fully Qualified Survivor* lautet, weil sie noch nicht herausgekommen ist. Wenn das nächsten Monat geschieht, nennt der *NME* sie „morbid" und „östlich" angehaucht, dann verschwindet sie aus der öffentlichen Wahrnehmung wie kalter Jasmintee durch den Abfluss. Nach Jahrzehnten wird sie wieder hervorgekramt und von den Geistern der späten Einsicht in ihrer vermeintlichen Bedeutungsschwere irrtümlicherweise zu einer verschollenen Vision zukünftigen Heldenmuts verklärt, doch dafür, dass es jetzt zu diesem Moment kommt, dafür war sie weder verantwortlich noch notwendig.

„… und die erste Nummer der vollständigen Besetzung heißt ‚The Width of the Circle'."

Sie ist so neu, dass sie noch kein Ende hat, weshalb ihr unfertiges Gewirbel in diffusen Akkordschlägen verpufft. Dank der freien Struktur hat der Gitarrist aber eine Menge Spielraum; David ist das Feld, Mick übernimmt die Markierungen, zieht allerdings Saiten, statt ein Wägelchen anzuschieben, und verwendet kein Teeröl, sondern elektrische Verzerrung. Die Einleitung ist jene von „Beck's Bolero", bloß stockend gespielt und gestreckt, der Rest ein holpriger, halb schematischer Boogie. Die grobe, verschmierte Skizze eines bedeutenderen Gemäldes.

Applaus anstandshalber. Peel schwärmt und schwadroniert. Auf seine Frage hin, ob er weitere Gigs mit dieser Truppe abreißen möchte, will David zunächst eine scherzhafte Antwort geben, bejaht aber schließlich nur.

„Wir werden ein paar Konzerte geben", fügt er hinzu. „Nicht wahr, Michael?"

Es ist das erste Mal im Laufe ihrer 48-stündigen Bekanntschaft, dass er Mick „Michael" nennt.

„Michael weiß es noch nicht genau", fährt er fort. „Er ist gerade erst aus Hull gekommen, und ich habe ihn erst vorgestern durch John kennengelernt, den Drummer, der schon mal mit mir gearbeitet hat."

Michael weiß es sehr wohl. Gegen Ende des Auftritts. Und der Kosmos weiß es auch. Der Körper nimmt Mick Ronson zuerst mit dem Bauch zur Kenntnis, dann über die Ohren. Seine Noten berühren den Hörer von innen, die Schwingungen streuen nach außen und küssen die Haut, nachdem sie Muskeln verdampft und Knochen verflüssigt haben. Es ist der Schrei eines gefangenen Mannes, der als 23-Jähriger schon zu viele Stunden mit einem Spaten in der Hand in strömendem Regen verbracht hat und plötzlich freigelassen wird – von vernickeltem Stahl, Holz und Drähten.

In seiner Flüchtlingshaltung glaubt Mick, er brauche David dringender als dieser ihn, und bemerkt den skrupellosen Weitblick seines neuen Freundes nicht. Der hört in ihm nämlich den Aufschrei eines Ungeheuers, das aus einem jahrtausendelangen Schlaf ohne Träume erwacht und die Macht besitzt, die Musik der Sphären zu steuern. Er hat die Hand bereits an der Leine und hält sie ein klein wenig fester.

Das Konzert wird am Sonntag um 16 Uhr ausgestrahlt, wenn die meisten Kids drinnen mit knurrendem Magen die abgefahrene letzte Episode von *The Owl Service* geschaut haben und im Anschluss daran die Spielshow *The Golden Shot.* Danach gab's Tee, das Wochenendbad und *Pick of the Pops*, und jetzt: das Bowie-Konzert im Radio. David schaut in Haddon Hall vorbei und hört es sich dort an, ehe ein weiterer Abendgig in seinem Arts Lab in Beckenham ansteht, wo noch 1969 ist; Mick hört über 300 Kilometer weit entfernt in Hull zu, wo noch 1949 ist. Peel nennt seinen Namen auf Sendung zweimal innerhalb einer Stunde, und den Leuten von der Stadtverwaltung wird bewusst, dass sie gerade einen Angestellten ihrer Stadtgärtnerei verloren haben. Die Lokalpresse wittert einen Knüller und folgt der Fährte bis zu ihrem Ursprung. Mick bestätigt, dass die Gerüchte wahr sind.

„Meine Eltern wissen, dass das das Einzige ist, was ich je wirklich tun wollte, und mir kam es oft so vor, als liefe ich mit dem Kopf gegen eine Wand und wunderte mich darüber, dass ich nicht von der Stelle kam."

Er habe schon früher Jobangebote aus London erhalten, erzählt er. „Aber nichts, was so sicher war wie das jetzt." Die Überschrift des Artikels bringt es auf den Punkt: Das ehemalige Rats-Mitglied hat „AUSSICHTEN AUF DEN GROSSEN DURCHBRUCH". Nur eine Woche Teeröl und Erdböden – die Kündigungsfrist wird eingehalten – trennen ihn noch von seiner neuen Band.

„Gegründet von Popidol David Bowie."

An dem Tag, als diese Nachricht in einer Stadt in Druck geht, in der man stets gern Zukunftsmusik hört, quält sich Popidol David Bowie an der Bühnenkante unter den 14 Kronleuchtern im Dubarry Room des Café Royal. Er trägt einen Zweireiher aus Cord, und sein steifer Gesichtsausdruck verhehlt kaum, dass ihm unbehaglich zumute ist. Sein rechter Oberschenkel drückt gegen Cliff Richards linken, denn sie stehen so dicht nebeneinander, dass einer die Körperwärme des jeweils anderen durch die Klamotten spüren kann. Es ist der 13., ein Freitag.

Auf der anderen Seite hat Cilla Black einen Arm bei Cliff eingehakt, der ein dunkles Jackett, ein minzgrünes Hemd mit Krawatte und eine Brille mit dickem Gestell trägt. Sie prunkt mit einem Minikleid, weißen Go-go-Stiefeln und der 220 Pfund teuren Nase, die sie sich zu ihrem letzten Geburtstag geschenkt hat. Außer Cilla ist da noch die zierliche Lulu: Schwarze Stiefel ragen unterm Saum eines langweilig braunen Schullehrerinnenkleides hervor. Links und rechts neben ihr strahlen mit rasierten Schädeln zwei Mönche des Radha-Krishna-Tempels in orangen Gewändern. Darauf folgt Tony Blackburn in beigefarbenem Anzug und rosa Hemd mit blauer Krawatte aus knitterfreiem Stoff. Eine außergewöhnliche Zurschaustellung von Farben, Modegeschmäcker und Charakteren, zusammengedrängt für den Fotografen der Zeitschrift *Disc and Music Echo*, deren Umfragen zum Valentine's Day 1970 sie gewonnen haben. Die Buddhisten sind Bekannte von George Harrison und nehmen den Preis in den Kategorien „Beste Gruppe", „Beste LP" sowie „Beste Single" stellvertretend für die offiziell noch nicht ganz toten Beatles entgegen. Lulu ist erstaunlicherweise „Beste Sängerin international" und – noch verblüffender – „Bestgekleidete Künstlerin" geworden, Cilla „Beste Sängerin Großbritannien". Cliff darf sich „Bestgekleideter Künstler" nennen, und David gilt in diesem Jahr als „Größte Hoffnung" vor Clodagh Rodgers, Blue Mink, King Crimson, der Plastic Ono Band, Karen Young, Humble Pie, Jethro Tull, Creedence Clearwater Revival sowie Fleetwood Mac. Seinen Award überreicht Blackburn, der seinerseits „Top-DJ" und mit seiner Show im Morgenprogramm von Radio 1 derart beliebt geworden ist, dass sogar seine fiktiven Co-Moderatoren Gerald – ein Wichtel mit Disney-mäßig verfremdeter Stimme – und Arnold – ein bellender Hund – wöchentlich ungefähr tausend Fanbriefe erhalten. *Wau-wau!*

Spaß ist Blackburns Religion, und seine Gemeinde war nie größer. Den Titel „Top DJ" hat er diese Woche auch von der Leserschaft des Konkurrenzhefts *Mirabelle* bekommen. „Das Dumme ist: Popmusik wird viel zu ernst genommen", meint er und lacht vor sich ihn. „Die Leute steigern sich zu sehr hinein. Spaß sollte da A und O sein – eben darum geht es im Pop."

David macht nichts von alledem Spaß. Angie sollte bei ihm sein, doch Ken hat sie in der Spülküche eingesperrt und ihr die Einladung vorenthalten, um selbst auf den Ball gehen zu können. Die Belohnung für diese Gemeinheit ist ein goldenes Siebenzoll-Vinyl in einem aufklappbaren Gehäuse; diese Trophäe, die Blackburn David gibt, bleibt nur wenige Minuten in dessen Händen, bevor er sie an Ken weiterreicht.

„Ist für dich", bemerkt er dazu.

Ein Judaskuss in einem ledernen Schaukasten. Ken ist allerdings zu stark von der Presse, der Verlourstapete, Marmor, Manschettenknöpfen, Fotoblitzen, Silbertabletts und dem ganzen sonstigen Plunder geblendet, um sich gekränkt zu fühlen. Das alles gehört zu seinem Universum. Die Goldplatte gebührt eigentlich David als „Größter Hoffnung" des Jahres, doch der stört bei einem Dankesfest des Showgeschäfts und ist ein Heuchler, den man vor nicht ganz einer Woche bei Radio 1 über Marihuana und LSD hat singen hören können. Ein Keiner-von-ihnen, der erst am Abend zuvor die Gäste im Hinterzimmer einer Kneipe in Beckenham mit seinem Lieblingslied von Jacques Brel über die Huren Amsterdams unterhalten hat, und ein Gaukler, der zugibt: „Ich bin sehr flatterhaft – meine Meinung ändert sich andauernd." Ein Fremder, der nicht genau weiß, wer oder was er ist beziehungsweise wo er stehen sollte. Nun steht er gerade hier mit Tony Blackburn im Café Royal.

Wau-wau!

ACHT

Hull. Der Klang der Stadt. Wie eine in Leder gebundene Bibel, die auf den Boden fällt. Ein einzelner Schlag der Glocke eines untergegangenen Schiffs in seinem nassen Grab. Dumpf und schwer.

„Und wie hat der Angeklagte das Opfer ermordet?"

„Erschlagen mit einem Hull, Euer Ehren."

Das urtümliche Grunzen der Einfältigen. Die Farbe von Zuchthaushaferschleim. Ein missratener Balg, verstoßen von seinen Geschwistern. Ein Spötter, der Gegenstand seines eigenen Spottes ist.

„Weißt du schon? Er ist nach Norden gegangen."

„Nach Hull?"

„Nein, lieber hätte er sich aufgehangen."

Hull, die Perle des Nichts, nicht einmal des Nordens. Richtig, Hull. Oh Hull, du Wunderbare!

Genieße es, David! Koste es voll aus! Rieche es, sauge daran, leck den Papierstreifen ab und schmecke es. Das ist Hull, eine echte Hafenstadt, nicht die nur in der Fantasie existierenden Seeleute, Fischköpfe und -schwänze aus belgischen Chansons, sondern die Dockarbeiter, das Bier und Schmierfett-Yorkshires. 'ull mit Knacklaut – eine neue Welt, ein neues Universum mit neuen Abenteuern in einer neuen Zeit und einem neuen Raum.

Erstere ist der Tag nach seiner Rückkehr nach Haddon Hall. Er trägt seinen karamellbraunen Anzug, hat den Disc-Award nicht dabei und packt seine Sachen, um nach Hull zu fahren. Der Vorschlag dazu kam von John, nachdem David erwähnt hatte, sein neuer Wagen – ein Rover, der den alten Fiat seines Dad abgelöst hat – müsse gewartet werden; ein Kumpel des Drummers namens

Muff Murphy könne das für wenig Geld erledigen. Mick hält sich wie dieser Muff in Hull auf, und zwar schon seit einer Woche, um Persönliches zu regeln, also muss er wieder von dort aus mitgenommen werden. So fügt sich alles wie von selbst. Sie fahren alle gemeinsam hin – John, David, Angie, Tony und seine Freundin Liz –, um das Auto checken zu lassen, Mick einzusammeln und zu schauen, was Hull so bietet.

John trifft die notwendigen Vorkehrungen und fährt mit seinem Hillman Minx vor. Erster Halt: die Werkstatt Turner & Sellers in Hessle, wo sich Muff Murphy kostengünstig, aber fachmännisch um den Rover kümmert, dann nehmen David und Angie die Gastfreundschaft von Johns Eltern in der Brisbane Street in Anspruch. Der Aufforderung, sich wie zu Hause zu fühlen, kommt Angie allzu gern entgegen, indem sie die Telefongebühren mit Anrufen bei allen möglichen Universitäten, um Gigs für die Zukunft zu buchen, in die Höhe treibt. Johns Vater reibt sich weniger daran als an Davids Anwesenheit im Wohnzimmer: an der Wand sitzend, mit einem Auge zum Fernseher schauend, während er sich gedankenlos an Mr. Cambridges Zigaretten gütlich tut. Die anderen Gäste aus Haddon Hall bleiben bei John, der acht Kilometer weit entfernt bei seiner Freundin – einer weiteren Angela – in der Marktstadt Beverley an der Arden Road wohnt. Tony und Liz verlieben sich dergestalt in die gepflasterten Bilderbuchstraßen und das gotische Münster, dass sie den Ort überhaupt nicht verlassen und somit darauf verzichten, den unbedingt sehenswerten menschlichen Zoo namens Hull bei Nacht kennenzulernen.

Sie treffen sich mit Mick zum Essen im The Gainsboro. Es ist der größte Tempel der Heiligen Dreifaltigkeit von Fett, Salz und Zucker in der Stadt – Futter zum Mitnehmen im Erdgeschoss, oben weiße Decken auf Eichenholztischen und Kellnerinnen in Schürzen mit Spitzenborten, die ihre Haare zurückgesteckt haben und enge, wie Papierschiffchen aussehende Käppis tragen. Feine Tees mit Brot und Butter als Beilage, zum Nachtisch ein Stück Kuchen. Die Speisekarte liest sich wie eine Enzyklopädie des Lebens in der Nordsee, das darauf wartet, zünftig in Backteig zu Pommes frites auf Porzellan verputzt zu werden.

Lokalgourmet Mick bestellt Rochen. David, der Londoner Junge, nimmt schlicht Kabeljau. Er hat keine Ahnung, was wenig später passieren wird.

Mick auch nicht, geschweige denn Angie, und nicht einmal hinterher, wenn der Moment vorbei ist, werden sie es begreifen; niemand eigentlich, der Vorführer im Kino Cecil gegenüber mit eingeschlossen, obwohl er in gewisser Weise dafür verantwortlich ist. Vier Monate nach seiner allgemeinen Veröffentlichung feiert *Rekruten im Todesdschungel* in Hull Premiere. Der Film, für den David vor über einem Jahr erfolgreich vorgesprochen hat, nachdem er von Ken dazu überredet worden war. Als Statist musste er sich für 40 Pfund und zwei Sekunden im Bild eine soldatische Topffrisur zulegen – zwei Sekunden Nichtbeachtung, jetzt aber trotzdem ungeheuerlich, ein mit einer Wahrscheinlichkeit von einer Milliarde zu eins eingetretener kosmischer Zufall.

David Bowie an zwei Orten gleichzeitig in Hull. Nur wenige Meter voneinander entfernt auf einer Leinwand und in einer Frittenbude auf demselben Abschnitt der Anlaby Road. Der Esser und der Schauspieler, das Physische und das Metaphysische, Fleisch und Geist im Unwissen um die Existenz ihres jeweiligen Zwillings. Einstweilige Doppelgänger in beliebig zusammenfallender Raumzeit, halb schwebend zwischen Führungslöchern in einem Filmband.

Bis der David, der damals am Set in den Twickenham Studios war, in die Spule gezogen wird, weil der David im Hier und Jetzt noch eine Fritte aufgabelt.

Die Paralleluniversen trennen sich. Zwei Sekunden, für immer verloren.

David ist schon einmal in der Stadt gewesen, Bowie allerdings nicht. Vor etwas mehr als fünf Jahren eröffneten Davie Jones & The Manish Boys ein Konzert von Gene Pitney im ABC neben dem Bahnhof, der Johns ehemaliger Band ihren Namen gab. Ein anderer David, ein anderes Leben.

Mit diesem Namen in diesem Leben an diesem Tag und Ort findet man ihn an Bushaltestellen, auf Schlafzimmerfußböden und zwischen Couchpolstern in Orchard Park in den aktuellen Ausgaben von *Mirabelle* oder *Disc*, wo er zum drittbesten Sänger beziehungsweise größten Hoffnungsträger gekürt wurde, Letzteres auf einer Doppelseite mit Elvis Presley; dass die beiden am gleichen Tag Geburtstag haben, bleibt unerwähnt.

„Ich strebe durchaus nach Erfolg, aber aus anderen Gründen, als die Leute wohl unterstellen. Ich will mich etablieren, um mir andere Wünsche erfüllen zu können, indem ich die Bekanntheit als Sprungbrett nutze und mich dann schnell zurückziehe."

Hull nimmt's gelassen und blättert mit bonbonfarbenem Miners-Nagellack an den Fingern weiter, während draußen eine weitere Telefonzelle demoliert wird.

Am Sonntag steht John wieder als Chauffeur mit seinem Hillman bereit. Angie bleibt gern bei Mr. und Mrs. „Cambo", also wird David seine „anderen Wünsche" ohne sie verfolgen. John hat den Phoenix Club an der Hessle Road als Treffpunkt ausgesucht, eine Betonarche für die Arbeiterschicht und „Einrichtung erster Güte, die Ausgehen zum Vergnügen macht", wie es in der Selbstpräsentation heißt. Die sonntäglichen Highlights auf der Bühne sind üblicherweise eine junge Dame, die sich entblättert, und eine Band, die das nicht tut. Heute ist der Tanzsaal im Obergeschoss allerdings geschlossen: keine Brüste, keine Beats.

In der gerammelt vollen Lounge-Bar unten ordert John ein Pint; David heult nicht mit den Wölfen, sondern verlangt einen Cherry B, eine Art Kirschwein.

„Nimm'n Bier, du Mädchen!"

David trinkt sein in Flaschen abgefülltes Gift am liebsten unverdünnt – widerlich süß, aber extrem stark. Halbe Menge, dreifache Wirkung. Er nippt und schaut sich im Lokal um. Zufriedene gewöhnliche Leute, die gewöhnliches Fassbier schlürfen, sich gewöhnlich fluchend unterhalten und gewöhnlichen Spaß dabei haben. Stell dir vor.

„Hingeschaut!"

Es ist ein gewöhnlicher Bingo-Abend. Preisgeld: mehrere Hundert gewöhnliche Pfund für einen gewöhnlichen Gewinner wie in allen gewöhnlichen Clubs in Hull, die durch die außergewöhnliche Glücksspielfee Allied Bingo verbunden sind. David gibt seinem Kampfgeist nach. Schon sitzt er mit seinem reinhauenden Kirschwein neben John und dessen Pint im Qualm, während ringsum „ih!" und „ah!" gerufen, „schade", „schön" und „verdammt" gesagt oder freudig „Elf Beine" und „Auf ärztliche Anordnung" von den Zahlenbögen gestrichen wird.

Keine drei Kilometer weit entfernt klappern an diesem wundervollen Abend in Hull die Orgelpfeifen über der Bühne des Rathauses zum Getöse von The Who. In der Hessle Road spielt David Bowie Bingo; zum Abgewöhnen gewöhnlich.

Als Fremder in einer fremden Welt beschreitet David das unbekannte Terrain aber nicht gänzlich unbemerkt: Mick nimmt ihn mit ins Café Gondola – Einheimische sagen „Gondoula" –, wo sich die städtische Mod-Szene trifft und Auswärtige rasch mit nervösen Blicken beäugt werden. John begleitet ihn in die Büros der *Hull & Yorkshire Times* in der Jameson Street, um ihm einen Artikel in der kommenden Freitagsausgabe zu sichern. Das offizielle Urteil des Künstlers über die Stadt lautet „okay". Er gibt an, seinen Tee im The Gainsboro genossen zu haben, weniger jedoch die Antiquitätenläden an der Spring Bank, wo er und Angie Hull-typischen Tand durchstöbert haben, ohne etwas für sich zu finden. Da seiner neuen Gruppe nun aber zwei Ortsansässige angehören, verspricht er, es „könnte ein zweites Zuhause werden".

Seine letzte Nacht hier verbringt er mit John und ihren beiden Angelas. Sie fahren mit dem Hillman aufs Land und schlagen im Railway Inn in Ellerby auf, 2000 Lichtjahre weit weg von überall. Enge, kurvenreiche Straßen, an denen für wen auch immer Ziele wie Swine und Skirlaugh ausgeschildert sind, führen sie in die Stadt zurück. Für einen finalen Boxenstop geht's auf der Cottingham Road an der Uni vorbei zum Gardener's Arms, dessen Hinterzimmer mit UV-Lampen ausgestattet ist.

Das Popidol wird erkannt. Von einem Teenie der Sorte Internats-schülerin, die er in der Presse als seine typische Art von Fans bezeichnet. „Was seltsam ist, aber auch reizend." Sie glotzt, kichert mit ihrer Freundin und sucht sich einen günstigen Moment zum Näherkommen.

„Ooh! Du siehst diesem David Bowie total ähnlich!"

Er zieht nonchalant an seiner Zigarette.

„Ach was", erwidert er auf seine unnachahmlich gefasste Art. „Das bekomme ich oft zu hören."

Muff Murphy wird seinem Ruf gerecht. Der graue Rower steht gewartet für die Rückfahrt gen Süden bereit, Mick ebenfalls. David und Angie holen ihn am Haus seiner Eltern – Sozialbau, je zwei Zimmer unten und oben, ein Streifen Garten dahinter –, in Mil-ford Grove ab. Bowie spürt jene aus Plaistow Grove vertraute Panik und erkennt, dass Mick genauso wie er selbst einem klaustro-phobischen Reihenhausmilieu entkommen ist. Der Gitarrist ver-abschiedet sich mit einem Kuss von seiner Mutter. Sie scheint an der Haustür zu ergrauen, während sie dem Auto nachschaut, von dessen Rückbank aus er winkt, bis es um zwei Ecken in die Annan-dale Road eingebogen ist – außer Sichtweite, raus aus Greatfield, raus aus Hull.

Eine Woche vergeht, ehe ein an „Mum und Dad Cambo" adres-sierter Brief in der Brisbane Street eintrudelt.

„Bitte entschuldigt, dass ich eine Schreibmaschine benutze, aber David hat mir dazu geraten, weil meine Handschrift unleserlich ist", hat Angie getippt. *„Zualler-erst möchte ich euch auch in Davids Namen für die ganz unglaubliche Zeit danken, die wir in Hull hatten. Hoffentlich konntet ihr schon während unseres Aufenthalts sehen, wie sehr wir das zu schätzen wussten, und müsst es nicht erst mit diesem Brief gesagt bekommen. Ich glaube aber, ihr wisst schon, warum ich schreiben wollte: einfach um AKTENKUNDIG zu machen (nicht lachen), wie ungeheuer gastfreundlich ihr seid."*

Der Brief ist unterzeichnet.

„Alles Liebe von uns, bis bald. Seid vorsichtig bei dem Wetter und achtet auf den Humor in Hull – ich habe gehört, er soll ansteckend sein."

Ungestümes, aberwitziges Hull. Gelobtes „okayes" Land der Nichtantiquitätenjäger und Freunde des frittierten Fischs. Bald zweite Heimat eines Londoner Popidols.

David wird vor seinem Tod nur noch ein einziges Mal herkommen.

NEUN

Der Name lautet Hype. Sein Taste, sein Yes, sein Egg, sein Toast. Dem Rest des Universums ist Hull fürs Erste eine Nasenlänge voraus, weil die Journaille noch nirgendwo anders von Davids Plan berichtet, eine eigene Band namens Hype zu gründen. Allein dies bedeutet schon, dass die Gruppe daran scheitern wird, ihrem Namen gerecht zu werden.

Sie ist ein Gebilde, das nur in Davids Kopf existiert, wobei er selbst nicht genau weiß, wo David Bowie endet und Hype beginnt. Die Leser der *Hull & Yorkshire Times* sind bereits darüber im Bilde, dass er eine Grenze zwischen sich und der Band ziehen will. Auf einer Seite steht der Solokünstler David Bowie, auf der anderen der Sänger von Hype, die sowohl mit ihm als auch ohne ihn Alben aufnehmen sollen. Wann David Bowie allerdings aufhört, als David Bowie aufzutreten, und zu einem Bandmitglied wird, bleibt unklar. Hype sind so, wie er sie aufgestellt hat, neben ihm selbst Mick als Gitarrist, Tony am Bass und John hinter den Kesseln. Sie bieten dieselbe Musik wie er inklusive einiger Coverversionen seiner Lieblingsstücke. Obgleich sie schon bei John Peel gespielt haben, war zu dem Zeitpunkt keine Rede von dem Namen Hype, stattdessen sendete die BBC den Mitschnitt schlicht mit dem Aufhänger „David Bowie". In seinen Augen sind sie definitiv Hype, wenn sie an dem Sonntag nach ihrer Rückkehr aus Hull ihre nächste Vorstellung im Roundhouse geben, aber auf dem Plakat steht wieder „David Bowie", und der Krach, den sie gemeinsam schlagen, mag sie zwar als Gruppe zusammenschweißen, doch auf der Bühne wirken sie immer noch wie ein Singer-Songwriter und seine drei Begleiter. Hype begreifen nicht, was ihr Name bedeutet.

Sie sind eine Grille von David, der auf diese Art unter dem Vorwand, ein Gangleader zu sein, einen Platz für sich in den 1970ern sucht. Ihretwegen hat Mick Hull verlassen, und John soll mit der Band bei der Stange gehalten werden, auch für ein weiteres Musikprojekt von Tony, der als Auftragsproduzent bereits vielbeschäftigt ist. Eine illusorische Bruderschaft, die der Willkür eines Autokraten unterliegt. Der Name wirkt weniger ironisch als zynisch, die Umsetzung unbeholfen wie ein Entwurf einer Band, der zu früh vom Reißbrett genommen wurde, dem Form und Farbe fehlen.

Letztere kommt erst nach geschlagenen sieben Gigs und einer verspäteten Anzeige im *Melody Maker* ins Spiel, die mit dem Hinweis „DAVID BOWIES AUFREGENDE NEUE BAND" wirbt. Noch bunter wird's in Davids nebulösen Ausführungen zu Friedrich Nietzsche und Zarathustra, dem Übermenschen und Superman, wozu sich die emsige Schneiderin Angie mit Liz' Hilfe anschickt, die Hype-ige Vierfaltigkeit mit Comic-Kostümen auszustatten.

„Wie Dr. Seltsam oder der unglaubliche Hulk."

Durch Kombinieren, Anpassen, Absteppen, Nähen, Ausschlachten, Neuverwerten, Ausbessern und Umarbeiten entstehen so Pop-Art-Alter-Egos.

David wird mit hüftlangem Umhang aus silbernem Netzgewebe und blauer Seide, der wie Fledermausflügel an seinen Handgelenken befestigt ist, zu „Space Star". Dazu trägt er seine Lieblingssilberjacke mit Reißverschluss, eine enge Unterhose über ebenfalls silbern glitzernden Leggins und schwarze, kniehohe Piratenstiefel.

Tony ist „Hypeman": grünes Vampir-Cape mit steifem Kragen, weißes Trikot mit an Supermans „S" gemahnendem „H" auf der Brust.

Mick vermittelt als „Gangsterman" einen eher zurückhaltenden Eindruck, indem er Davids karamellbraunen Zweireiher, ein schwarzes Hemd und eine gepunktete Krawatte anzieht, um wie ein Rock-Mafioso daherzukommen, der seine Thompson-Maschinenpistole gegen eine Les Paul eingetauscht hat.

Bleibt noch John „Cowboyman" mit einem Texas-Partyhut, den Tony in einem Schaufenster an der Oxford Street entdeckt und für ihn gekauft hat; hinzu kommen ein weißes Rüschenhemd mit Lampenschirmfransen und sein liebstes T-Shirt vom Kensington Market mit Sternmotiv.

Premiere feiern diese Helden im Rahmen von Hypes zweitem Auftritt im Roundhouse, wo sie abermals als „David Bowie" angekündigt sind, und zwar nach der im Bong hochgeblubberten Schleimsuppe, die sich Genesis nennt. John ist im fertigen Wildwestlook eingetroffen, wohingegen David, Tony und Mick noch nach Clark Kent aussehen und sich erst in der Umkleide mit „Shazam!" verwandeln. Um seine Nerven zu beruhigen, lässt sich Mick auf einen Zug an irgendeinem Fröhlichmacher ein, der herumgereicht wird, und wird durch einmaliges Inhalieren, das ihm noch leidtun soll, auf den Planeten Mongo teleportiert. Auf seinem langen Rückflug, während Hype vor einem Halbrund brutzelnder Hippies mit Krach und Bumm über die Bühne gehen, ist er wie von Sinnen.

Die glänzenden Kostüme passen nicht zur steifen Musik. Der Vierer sieht luftig leicht aus, rumpelt aber von Grund auf. Die Rhythmusgruppe galoppiert durch Micks vernebeltes Gewitter, derweil David etwas von Wassermännern, Wahnsinn und Halsabschneiden kreischt. Das ist kein Pop; die einzigen echten Popsongs in Hypes Repertoire sind Covers: Davids Überfetisch „I'm Waiting for the Man" von Velvet Underground, Lennons neue Single „Instant Karma!" und Canned Heats „Let's Work Together" als aktueller Chart-Boogie. Die Band nimmt eine amateurhaft dramatische Pose an, verkleidet nur zum Selbstzweck. Die Illusion endet an der Bühnenkante, wo Marc, der einen Brustharnisch aus Plastik trägt wie ein römischer Zenturio, die Ellbogen auf Kinnhöhe aufstützt und David durch schwarze Locken anstarrt, die ihm vor die Augen gerutscht sind. Ein Jaguar, der einen Leoparden beobachtet.

Als man sich wieder im Umkleideraum einfindet, sind die Kleider von David, Mick und Tony auf mysteriöse Weise verschwunden. Genesis ebenfalls; Space Star, Hypeman und Gangsterman müssen also in ihren Kostümen nach Haddon Hall zurückfahren.

Heldenstaat wird wieder beim nächsten Gig gemacht, der zwei Tage im Locarno Ballroom in Sunderland stattfindet, wo „Schwuchtel"-Zwischenrufe bestätigen, dass die Region Wearside noch fest in den 1670er-Jahren steckt. Es ist das zweite und letzte Mal, dass sich Hype in Schale geschmissen haben.

Die Musikpresse fotografiert die Outfits zu keiner Zeit für die Nachwelt, und öffentlich wird man sie nie wiedersehen. Davids flüchtiges Experiment mit Rocktheater rutscht zwischen die Bodenbretter der Pop-Historie.

Und übt keinerlei Einfluss aus.

Ein Pop- und Liebestratsch-Magazin fragt David, ob er Freunde in der Unterhaltungsbranche hat. Er nennt drei.

„Tony Visconti, Marc Bolan, Steve Marriott."

Er behauptet, Zweiteren durch Ersteren kennengelernt zu haben, was nicht stimmt – sie sind einander schon Jahre vor Tonys Umzug nach London begegnet –, und mit Steve seit gemeinsamer „Zeit auf der Kunstschule" befreundet zu sein.

„Ich brauche die Anregung anderer Leute, obwohl es anders vielleicht besser wäre. Manchmal ertappe ich mich dabei, ihre Ideen vor mich hin zu sagen, und gewöhne mir ihre Phrasen an. Neulich habe ich gesprochen wie Marc Bolan, was aber nicht unbedingt beabsichtigt war."

Der Leopard will seine Punkte für den Jaguar aufgeben.

„Bei vielen meiner Kompositionen handelt es sich quasi um Fantasiegeschichten. Ich mag Marc Bolans Songs sehr gern, weil er offensichtlich genauso empfindet wie ich."

In seiner Wohnung in Blenheim Crescent bewirtet Marc seinen eigenen Reporter mit Wein, fettarmem Käse und Rosenkohl zu Musik von Johnny Burnette und Frankie Lymon. Er spricht über Elvis Presley, Vince Taylor und Kids, die am Rad drehen, weil er sich weiter auf die E-Gitarre verlagert. „Ich war schon immer ein Fan des frühen Rock 'n' Roll."

Der Jaguar sagt nichts über den Leoparden.

Der Leopard veröffentlicht eine neue Platte. Es ist Davids erste in den 1970ern – „The Prettiest Star" –, eben der Song, den er Anfang Januar mit dem Jaguar an der Gitarre einspielte. Gemeinsam mit Angie hat er entschieden, dass dieses Lied – *ihr* Lied – die Nachfolge-single zu „Space Oddity" sein soll, nicht die Nummer über London, die nicht einmal auf der B-Seite landet. Dort findet sich stattdessen „Conversation Piece", ein Überbleibsel vom letzten Album und so sanft, dass es die meisten Hörer dreimal laufen lassen müssen, um zu erkennen, dass es einem Nervenzusammenbruch in G-Dur ent-spricht.

In der Weite des Kosmos gibt es bestimmt eine Zeit und einen Platz für „The Prettiest Star", aber wann und wo auch immer das sein mag: Die 1970er und die Britischen Inseln sind es nicht. Der Radioäther bleibt vom matten Glanz des Stücks unberührt, obwohl sich die Kritiker nüchtern positiv dazu äußern.

„Nicht so originell wie sein Weltraum-Hit, aber eine gefällige Per-formance, mit der er voraussichtlich an der Spitze der Hitparade funkeln wird."

… und …

„Eine so kompakte, eingängige Melodie habe ich noch nie gehört. In der Tat ein Hit."

… und …

„Was ‚Prettiest Star' fehlt, um bei den Mädchen zu punkten, gleicht David mit seiner charismatischen Stimme aus. Zweifelsohne ein Hit."

… und …

„Ein Country-mäßiges Intro und ein paar weitschweifig lyrische Gedanken im Text, doch nach mehreren Durchläufen zündet es als interessante, melodische Produktion. DEFINITIVE CHART-GARANTIE!"

Von „The Prettiest Star" werden weniger als 1000 Exemplare verkauft.

★

Die hässliche Wahrheit über Pop. „Er macht Lärm, er ist kitschig, und er ist Schund, obwohl er den Massen viel Freude, Glück und Entspannung bereitet – und in ebendiesem Metier arbeite ich."

Als Ingenieur hat Tony Macaulay in der Abwasserbeseitigung gearbeitet. Als Mr. Pop der 1970er ist er dazu übergegangen, Scheiße zu komponieren, statt sie zu schaufeln. So erzählt man es sich jedenfalls stadtweit in Witzen, doch er ist derjenige, der zuletzt lacht. Mit 25 hat er eine Million auf seinem Bankkonto, eine luxuriöse Junggesellenwohnung mit Blick auf den Hyde Park, eine Jacht und einen Rolls-Royce Silver Phantom mit einer jungen Fahrerin, die eine weiße Livree, eine Tellerkappe und sexy Stiefel trägt. „Also, solange es sich vermeiden lässt, hat doch niemand gern männliche Angestellte, oder?"

Macaulay bewährt sich nun seit drei Jahren als hilfreicher König Midas der Pop-Melodie. „Baby, Now That I've Found You" und „Build Me Up Buttercup" von The Foundations, „Sorry Suzanne" von The Hollies; Long John Baldrys „Let the Heartaches Begin", Marmelades „Baby Make It Soon", „That Same Old Feeling" von Pickettywitch. Und seine jüngste Nummer 1, „Love Grows" von der Band, die in Wirklichkeit nicht Edison Lighthouse ist; das Ding hat er sich in rund 20 Minuten aus dem Kreuz geleiert. Üblicherweise schafft er im Schnitt sage und schreibe drei Songs in 14 Tagen. Ihre Erfolgsquote in den Hitlisten schätzt er auf ungefähr „80 Prozent".

Lärmigen, kitschigen Schund zu fabrizieren sei ein Kinderspiel, behauptet er, wenn man das Geheimrezept kennt. „Ein Hit erfüllt zwei von drei Voraussetzungen: Er ist rhythmisch und geht entweder leicht ins Ohr oder an die Nieren." Und welche Lehre ziehen wir daraus? Es kommt nicht darauf an, was du schaufelst, sondern wie du es schaufelst.

„Ich gebe Pop-Fans das, was sie wollen. Warum sollte ich etwas anderes vorgaukeln?"

David Bowie, der vorgaukelt und nicht an die Nieren geht, ist auf den bunten Seiten von *Mirabelle* immer noch ein „SUPER-COOLER TYP". Jemand, der angibt, noch nicht viele ernste Beziehungen gehabt zu haben.

„Genau genommen glaube ich nicht, dass ich überhaupt schon eine hatte."

Dafür jedoch viele Freundinnen.

„Manches war rein platonisch, mit anderen wurde es ein bisschen ernster."

Kein Wort über seine Verlobte.

„Ich suche nichts irgendwie Besonderes an einem Girl. Das heißt, wenn mir eine auffällt, die hübsch ist, frage ich sie nicht, ob sie mit mir ausgehen will, bloß weil sie gut aussieht."

So tickt er nämlich einfach nicht.

„Charakter spricht mich am stärksten an. Mir ist egal, ob jemand Hasenzähne hat oder wie Dracula aussieht, solange wir uns gut verstehen!"

Obwohl er oft launisch ist.

„Ich lache zuerst und bin im nächsten Moment deprimiert. Meine Stimmung ändert sich aber ständig, sodass man es kaum mehr bemerkt."

Ken bemerkt es sehr wohl. Er nimmt viele Veränderungen an David wahr, die er kaum gutheißen und noch weniger begreifen kann. Nur eines weiß er: dass er ihn verliert – an Angie und Tony, die Störenfriede aus Hull, die Nachtschwärmer im Roundhouse und den Wunsch, wie Marc Bolan zu sein, an brüllende Verstärker und dichten Qualm. Ken ahnt, das Ganze endet so traurig wie *Die Nachtigall und die Rose* oder andere Kunstmärchen von Oscar Wilde in seinem Bücherregal in Marylebone, und er wird das Gefühl nicht los, dabei selbst als weggeworfene Rose im Rinnstein zu landen.

Da ihn die Seventies überwältigen, flüchtet er sich in Trugbilder der Vergangenheit, wann immer sie erscheinen. Heute Abend etwa, wenn in der Royal Albert Hall im Rahmen eines Wohltätigkeitskonzerts für behinderte Kinder, das der irische Boxkampfpromoter Butty Sugrue organisiert hat, Stuss aus „alten Zeiten" verzapft wird. Zum Programm gehören eine traditionelle Stepptanz-Truppe, Hollywood-Star Maureen O'Sullivan, die Johnny Weissmüllers erste „Jane" in den *Tarzan*-Filmen war, der angesagte Tenor Josef Locke und Sugrue persönlich als Kraftmensch, der dadurch berühmt geworden ist, dass er einen Stuhl, auf dem jemand sitzt, an lediglich einer Quersprosse zwischen den Zähnen über seinem Kopf balancieren kann. Was David Bowie in diesem Umfeld treibt, weiß einzig und allein Ken, der einen kurzen Akustikauftritt für ihn herausgeschlagen hat. Der Sänger freut sich nur über die Gelegenheit, Locke bei der nachmittäglichen Probe zu treffen und dem Mann aus Bogside die Hand zu schütteln, dessen kraftvolles Vibrato seine Kindheit per Rundfunk begleitet hat. Zwei Sänger Auge in Auge, wobei sich David ehrfürchtig ein Autogramm von dem Älteren geben lässt.

Nachdem sie die Halle verlassen haben, gewöhnt sich Ken wieder an die Siebziger, während er mit seinem Schützling zurück in die Innenstadt geht. Zu seinem Leidwesen sind sie nicht allein; Angie ist zugegen – wie immer dieser Tage. Sie beansprucht für sich, was ihm an David am meisten bedeutet: sein Vertrauen, sein Gehör, seine Musik, sein Haus und sein Bett. Ken fürchtet sich vor ihrer Furchtlosigkeit und ist erschöpft von ihrer unerschöpflichen Unerschöpflichkeit. Irgendwann wird er nicht mehr die Kraft aufbringen können, um sie von Preisverleihungen fernzuhalten. Sie wird sich durchsetzen. Das weiß er. Trotzdem liegt seine Rose noch nicht im Dreck.

Erst als sie sich unter den Reklameleuchtschildern am Piccadilly Circus voneinander verabschieden. Sobald David und Angie auf der Treppe in den U-Bahnhof verschwinden. Er dreht sich noch zu Ken um und hebt an: „Ach, übrigens …" Dann, mit verlegenem Grinsen in Angies Richtung: „Wir werden heiraten."

Ken steht bloß da und starrt sie an. Und starrt. Und starrt.

Er warf die Rose auf die Straße, wo sie in den Rinnstein fiel und das Rad eines Wagens über sie rollte.

ZEHN

Sein erstes Album in den Siebzigern ist ein Gallenstein aus den Sechzigern. *The World of David Bowie.* Eine andere Stimme, eine andere Frisur, eine andere Pose: Anthony Newley, Mod mit Seitenscheitel, der Hans Christian Andersen von der Carnaby Street. Es erscheint in der Reihe *The World of ...* von Decca, günstige Compilations von Mantovani, Val Doonican, Vera Lynn oder Jimmy Young. Allen Größen.

David stand eine Zeit lang bei dem Decca-Sublabel Deram unter Vertrag, das 1966 für Acts wie The Move, Cat Stevens, Amen Corner, The Flower Pot Men und Procol Harum gegründet wurde. Dort kamen sein Debüt und drei Singles heraus – keine Verkaufsschlager, doch nun, da er laut *Jackie* ein Popidol ist, spekuliert man darauf, dass genügend neue Fans bereit sind, 19 Shilling und 11 Pennys für seine alten Flops hinzublättern. Die Cover-Abbildung, die er selbst ausgesucht hat, zeigt ihn gelockt während seiner jüngsten Schaffensphase mit „Space Oddity" in dem silbernen Oberteil mit Reißverschluss, das er auch bei Hype trägt. Allerdings passt das nicht zum melodiös schunkelnden Inhalt, zu dem auch ein paar bislang unveröffentlichte Restbestände zählen, die gemeinsam mit Tony entstanden, bevor Decca die Zusammenarbeit beendete. Diese „Welt von David Bowie" ist eine, in der er nicht mehr lebt und die niemand anders besichtigen möchte. Einzig der *NME* lobt den „angenehmen Gesang", doch Musik interessiert den Autor weniger als Aussprache:

„Manchmal hat er ein bisschen was von einem BBC-Moderator."

Weniger als einen Kilometer von der BBC entfernt auf der Manchester Street läutet ein Telefon. Ken geht ran und hört Mrs. Jones' Stimme. Sie klingt besorgt und leicht verschämt.

Er heiratet?

„Ja."

Angie?

„Ich fürchte ja."

In Mrs. Jones – „Peggy" für alle, die mit ihr befreundet sind – sieht er eine Verbündete gegen eine gemeinsame Feindin, die sie beide insgeheim als Große Hure Babylon, Mutter aller Dirnen und irdischer Abscheulichkeiten wahrnehmen. Peggy wurde wie er bei allen Vorbereitungen übergangen. Sie bedankt sich und legt auf.

Das Telefon in Manchester Street läutet wieder. Ken geht ran. Peggy noch einmal, jetzt aufgeregt und reizbar. Sie kennt *Einzelheiten!*

Den Termin!

„Morgen um elf."

Und das Standesamt!

„In Bromley."

Als sie fragt, ob Ken hingeht, verneint er. Es sei denn, David meldet sich, um ihn einzuladen, was nicht passieren dürfte, wie er ahnt. Damit liegt er richtig.

In der Southend Road treibt David in jener Nacht auf den sieben Meeren warmer Weiblichkeit.

In der Manchester Street wünscht Ken seinem Plüschbär Bobby eine gute Nacht und knipst das Licht aus.

Ihr Name lautet Clare. Sie ist 21, ein schwungloses Model und eine aufstrebende Künstlerin. Vom Hals an aufwärts Theda Bara, darunter Twiggy. Auf dem britischen Filmplakat zu Andy Warhols *The Chelsea Girls* blickt sie wie ein verschreckter Panda drein, ihr feingliedriger Körper – mädchenhaft, Kippenstummelnippel – wird von Ausschnitten der Fassade des New Yorker Chelsea Hotel bedeckt. Dem Designer drohte später eine Haftstrafe wegen pornografischer Umtriebe. David kennt Clare seit knapp einem Jahr als Freundin, an deren Brust er sich im Auf und Ab zwischen Hermione Farthingale, Angie und allen anderen Gestaden, die er ansteuert, gelegentlich ausweint. Sie ist hinreißend; das räumt auch Angie ein. Clare gehört am Vorabend der Trauung ihnen, und sie gehören ihr.

Nachmittags kauften sie noch die letzten festlichen Kleider im dreistöckigen Abstauber-Paradies Kensington Market, einem labyrinthartigen Basar aus Läden mit einem Angebot aus allem, was sich bauscht und flattert, baumelt und bimmelt. Angie hat ein langes Kleid in Rosa mit violettem Blumendruckmuster gekauft, David eine schwarze Satinhose, die seinem Charisma schmeichelt. Die Klamotten liegen ringsum, als sie aufwachen – alle drei, müde und matt: Braut, Bräutigam und Trauzeugin. Sie blinzeln sich den Sand der Verzückung aus den Augen, während ihr Bewusstsein langsam Puzzleteile der Erinnerung zusammenfügt.

Donnerstagnacht … Hinterzimmer des The Three Tuns … ein neuer Folk-Abend, den ihre Freunde Ian und Ken ausrichten … David solo, er hat sein „Wild Eyed Boy From Freecloud" gesungen … dann mit Clare nach Hause … unheilige Dreifaltigkeit … selbstloses Vergnügen … Abenteuerfahrt auf den sieben Meeren …

> *Gestern …*
>> *Nacht …*

Das Schauspiel innerhalb des Schauspiels kann anfangen. Die Besetzung ist über die Hauptrollen von Braut und Bräutigam hinaus dürftig. Auffällig viele Akteure bleiben der heutigen Aufführung fern. Tony fehlt, weil er sich keinen freien Tag vom Produzieren nehmen konnte. Mick ist übers Wochenende nach Hull zurückgefahren. Weniger verwundert die Abwesenheit von Marc und Steve Marriott, seinem anderen „besten Freund" aus der Unterhaltungsbranche. Natürlich ist auch Ken nicht da – ebenso Lindsay, denn sie könnte ja das „Ich will" mit einem raschen Schnitt in ihre Pulsadern verhindern. Weder Mary vom Arts Lab noch Freunde aus Davids Schulzeit sind zugegen. Und aus dem Cane ist ebenfalls niemand gekommen.

Stattdessen haben sich die übrigen Stadtstreicher aus Haddon Hall – John, Liz mit dem Marmeladenmarkennachnamen, „Roger der Untermieter" sowie die Zwischendurch-Bewohnerin Nita – und der jüngste Übernachtungsgast Clare eingefunden.

Bleibt noch Peggy mit Hut, Rock und dazu passendem Jackett, das sie steif bis zum Hals zugeknöpft hat. Sie war so frei, als zusätzliche Überraschung für das Paar Vertreter der Lokalpresse einzuladen, die den Eintritt ihres Popidol-Sohnes in den Ehestand dokumentieren soll; sie scharen sich schon mit gespitzten Bleistiften und schussbereiten Fotoapparaten auf dem Gehsteig der London Road.

Der Bräutigam ist übernächtigt, aber nicht übertrieben angezogen mit seiner neuen Hose vom Kenny Market, Blumenhemd, Schlips und *dem* superweißen Fellmantel. Die Braut trägt außer ihrem Blumenkleid einen Schal und rosa Schuhe.

Als alle an ihrem Platz stehen, beginnt das Stück.

DAS STANDESAMT BROMLEY PRÄSENTIERT

Die Hochzeit von
David Robert Jones
&
Mary Angela Barnett
Eine Komödie in Übereinstimmung mit dem Ehegesetz von 1949

Vorhang auf. Erster und letzter Akt.

Nachdem sich die Anwesenden gesetzt haben, stellen sich Braut und Bräutigam vor den schwerfälligen Standesbeamten, der über feierliche Erklärungen und rechtliche Beschränkungen, die Anwesenden, Ordnungsgemäßheit und Freiwilligkeit, Versprechen und Bindungen, Sorge und Beistand, Liebe, Treue und Glück schwadroniert. Das ist Juristenjargon, förmliche und teilweise doch schöne Worte – aber eben nur Worte, die an den Trommelfellen von Braut und Bräutigam zerplatzen wie hübsche Seifenblasen. David und Angie nicken und lächeln einander wissend zu, so wie es das Drehbuch vorsieht.

„Mit diesem Ring …"

Ja, es handelt sich um Ringe, aber nicht für die Finger, sondern die Handgelenke. Vier silberne Armreife aus Peru, ein Geschenk von Angies älterem Bruder. Sie lassen sich leicht anziehen – je zwei – und werden bald genauso leicht wieder abgestreift, sind aber für den offiziellen Anlass als Ringe zulässig, obwohl Peggy nicht verhehlen kann, dass ihre straffen Lippen vor schmerzlicher Unruhe zucken, als der Schmuck im Augenblick der Eheschließung heiter klappert.

Zum Ende der Vorstellung küssen Braut und Bräutigam einander, es wird geklatscht und die Heiratsurkunde zum Unterzeichnen vorgelegt.

David Robert Jones, Sohn des leitenden Angestellten für Öffentlichkeitsarbeit Haywood Stenton Jones (verstorben), 23 und ledig, Musiker, wohnhaft in Southend Road, Apartment 7, Beckenham.

Mary Angela Barnett, Tochter des Bergbauingenieurs George Milton Barnett, 20 und ledig, Studentin, wohnhaft in Southend Road, Apartment 7, Beckenham.

Davids Unterschrift ist groß und ungleichmäßig mit spitzen Anfangsbuchstaben, Angies noch ausladender, aber runder mit fließenden Bögen und einem entschlossenen Querstrich durch das Doppel-T. Trauzeuge John tritt näher, um den Stift entgegenzunehmen. Bevor er dazu kommt, greift eine andere Hand ein und schnappt ihn. Peggy packt fest zu. David kann nichts dagegen tun, dass sie sich nach vorne beugt und anstelle von John im Standesregister unterzeichnet. Ihre Schrift ist klein und gestaucht, „M. M. Jones" für Mary Margaret. Danach reicht sie den Stift der Trauzeugin „Clare Noel Shenstone". Nun ist es vollbracht. Kraft des bürgerlichen Rechts sind David und Angie fortan Mr. & Mrs. Jones.

Der Vorhang fällt. Applaus.

Es gibt kein Konfetti, sondern nur ein paar Fotos des Paars und der Mutter des Bräutigams für die Zeitungsleute, die der Gesellschaft zum The Swan and Mitre auf der anderen Straßenseite folgen, wo man auf das Glück der beiden anstößt und David sein erstes Interview als verheirateter Mann gibt. Er erzählt, für die Flitterwochen sei nichts geplant.

„Ich habe leider viel zu viel Arbeit."

Sie verbringen die Mittagszeit im Lokal, dann zerstreuen sich die Gäste und der Adel von Haddon Hall fährt nach Hause. Ihr Freitagabend wird so normal, wie es die bösen Geister des Anwesens zulassen. David wird sich an nichts aus seiner Hochzeitsnacht erinnern, außer dass er sie mit seiner Frau und seinen Freunden hier vorm Fernseher verbracht hat wie Höflinge nach einem Bankett, die sich nach Maskenspiel und Festlichkeit sehnen, um sich die qualvoll lange Stunde zwischen Abendessen und Schlafengehen zu verkürzen.

Wie also könnten sie und ihre Landsleute die Leerlaufzeit an diesem 79. Tag der Seventies totschlagen?

Die meisten schalten um in die Oil Drum Lane im Stadtteil Shepherd's Bush. Dort spielt die Serie *Steptoe and Son*, die sich um den Altwarenhändler Albert und seinen Sohn Harold dreht. Der hat diese Woche mit einem wohlhabenden, verdächtig manierlichen Antiquitätenhändler angebandelt.

„Ein warmer Bruder!", unterstellt der Vater. „Der ist so schwul wie nur was!"

Harold schaudert. „Ich verstehe dich nicht. Du bist besessen davon. Angst vor Schwulen! Alle im Fernsehen sind schwul! Die Ansager, die Nachrichtensprecher, sogar der Wetterfrosch!"

Der Junge ignoriert die kluge Warnung seines alten Herrn, schließt Freundschaft mit dem Händler und lässt sich kleine Geschenke der Zuneigung machen, beispielsweise eine Eintrittskarte zum Ballett.

Albert verzweifelt. „Fußball für Schwule!"

Dann die unumstößliche Tatsache: Bei einem privaten Dinner für zwei in der Wohnung des Händlers, *homo et homo*, kommt es zu einem Annäherungsversuch, doch Harold zieht sich zurück. Er verschwindet beschämt und besinnt sich schlagartig auf den früheren Rat seines Vaters, auf dem „Pfad der Tugend" zu bleiben und sich an

Dolly Miller zu halten, eine Puppe aus der Gegend, die er „ordentlich rannehmen" soll. Genau dies tut er nun.

Albert ist zunächst erleichtert, dann angewidert. „Du schmutziger kleiner Teufel!"

Daraufhin signalisieren Beifall aus dem Off und das leutselige, x-beinige Titellied „Old Ned" von Ron Grainer das Ende der harmlosen Gaudi, die üblicherweise 20 Millionen Zwerchfelle kitzelt. Geweihtes Britannien der warmen Brüder, Schwuchteln, Tunten und Homo-Hauer – lache lang und lache laut!

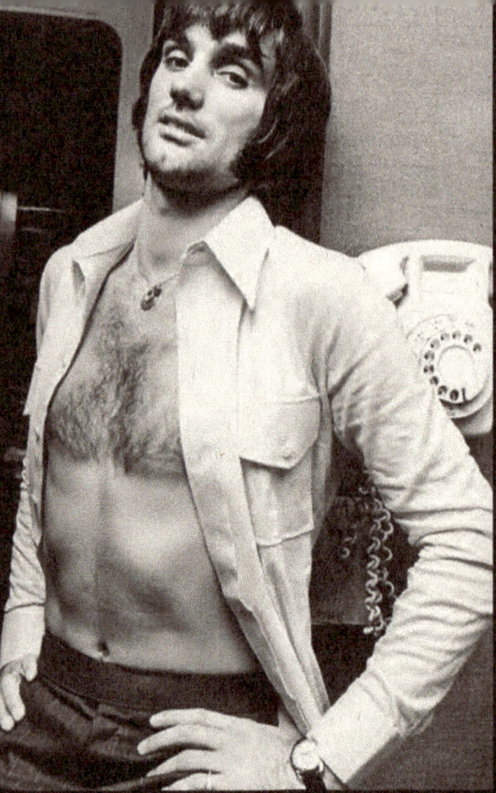

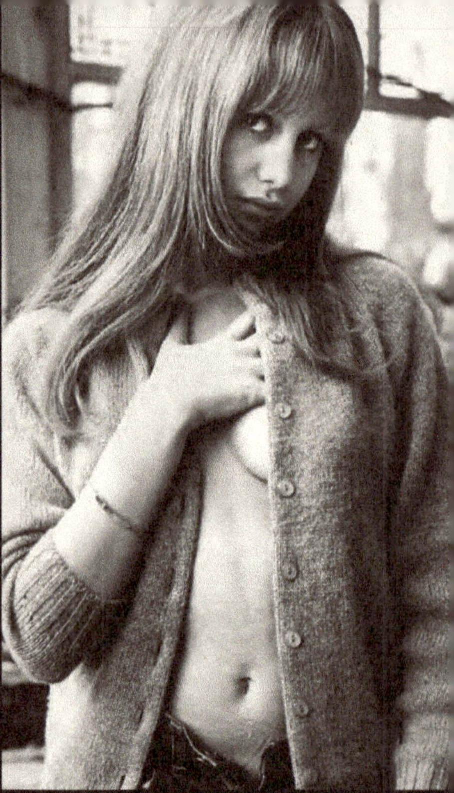

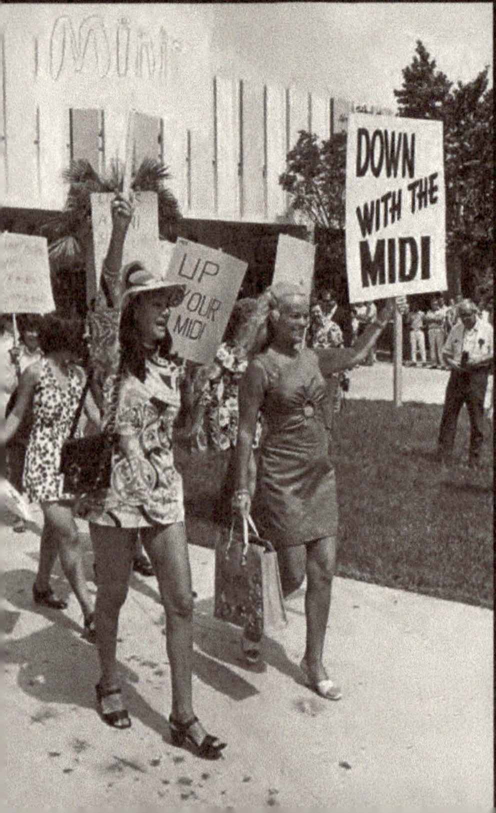
DOWN WITH THE MIDI
UP YOUR MIDI

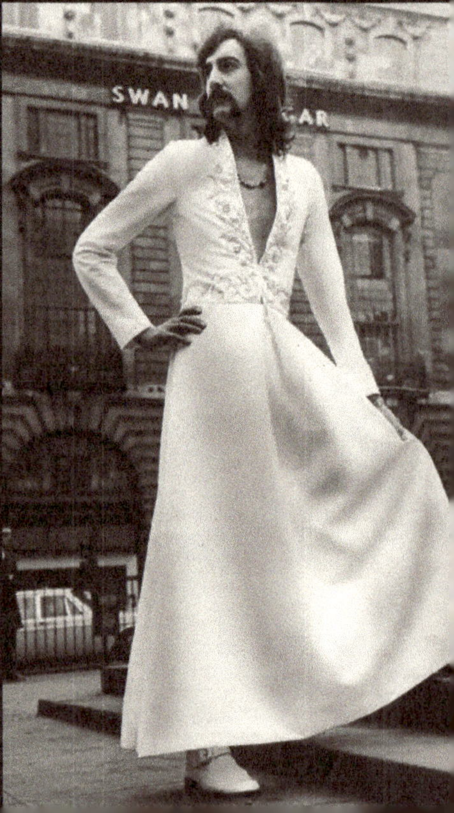
SWAN

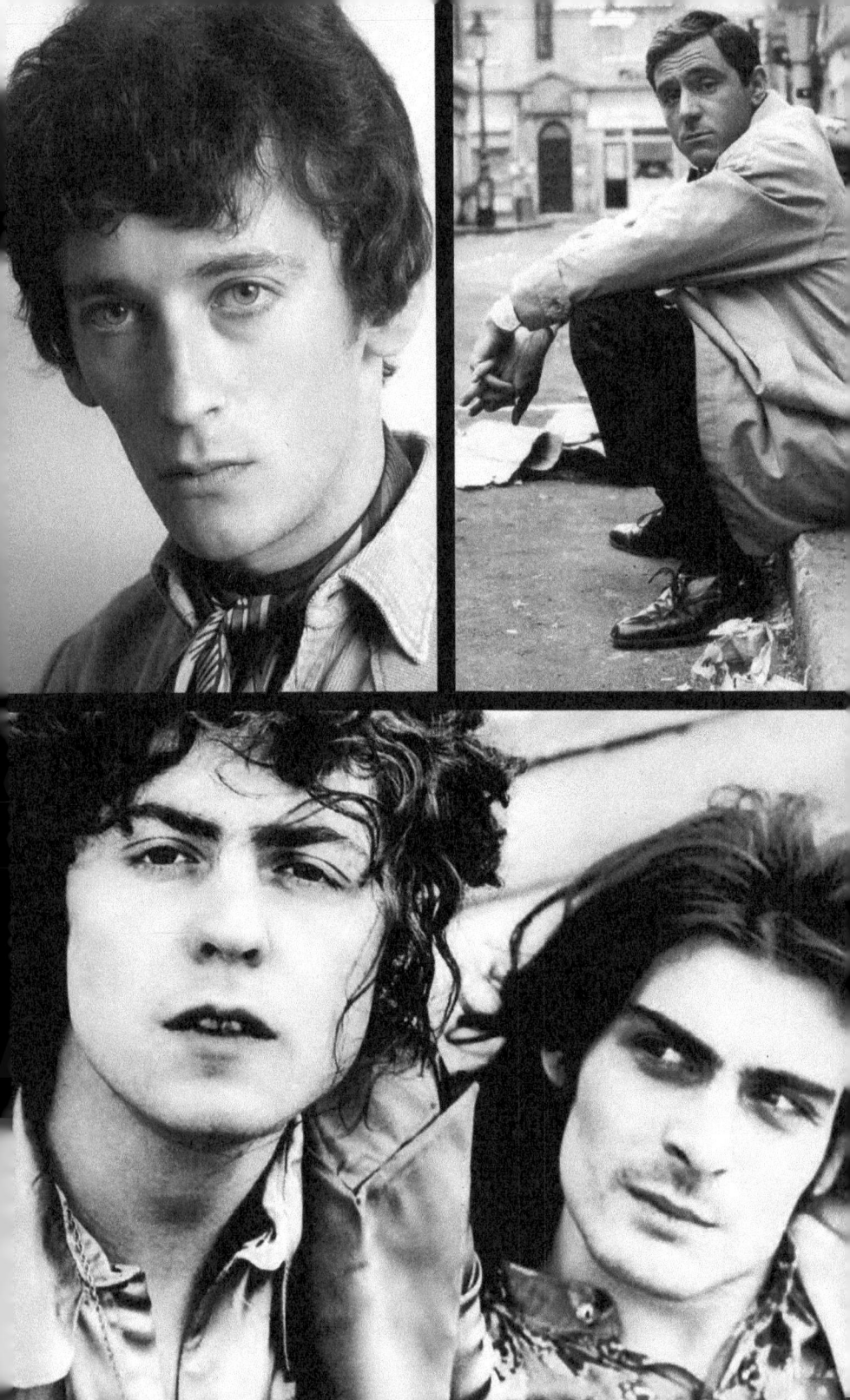

ELF

Am Morgen beginnt in Haddon Hall eine neue Ära. Gestern war es das Künstler-Xanadu von David, Angie und ihren Freunden, heute ist es das Kamelot von Lord und Lady Bowie nebst ihren erkorenen Dienern. Der Wandel erfolgt unmittelbar.

Mit der Hochzeit kommt Geld – ein Scheck über 1000 Dollar aus Zypern von Angies Vater Col Barnett –, und mit dem Geld hält Materialismus Einzug. Lady Bowie investiert ihre Mitgift in die Ausstattung ihres Schlosses und weiht ihren Gatten dabei in die Kunst der Inneneinrichtung ein. Durch sie kommen seine Fingerspitzen mit den haptischen Hochgenüssen der Kaufhäuser an den Londoner Docks in Berührung. Dass sie auf Zypern auf Persern aufgewachsen ist, zahlt sich nun aus, während sie exotische Gebrauchsteppiche für die nackten Holzböden von Haddon Hall aussucht. Näher am Anwesen in der Beckenham High Street befindet sich das Antiquitätengeschäft und Auktionshaus The Stable Door, wo eine wuchtige Kommode mit Marmorplatte aus Burma mit Drachenverzierungen lockt. Sie wollen sie weiß streichen und kaufen auch ein französisches Himmelbett aus handgeschnitztem Holz, dessen Einzelteile sie mit dem Eifer zweier Katzen zusammenfügen, die ein Vogelhaus bauen. Das Wohnzimmer erhält einen neuen Anstrich in aristokratisch dunklem Olivgrün, die Vorhänge färben sie leuchtend rot. Unterdessen taucht täglich an allen möglichen Stellen – so kommt es jedenfalls denjenigen vor, die auch unter den Kassettendecken des Gebäudes leben – ein anderes neues Kunstobjekt auf: ein Ventilator aus Pfauenfedern. Tiffany-Glasgeschirr. Chinesische Seide. Ein Schreibtisch aus Japan. Eine Art-déco-Vase von Gamet.

Nach und nach entsteht so die Kulisse für ein Theaterstück, das erst noch geschrieben werden muss. Sie fertigen sie gemeinsam, doch Angie ist diejenige, die das Unternehmen intuitiv leitet. Sie hat die Augen einer Hollywood-Bühnenbildnerin, er das entsprechende Zeug zum Star. Niemand außer ihr weiß am besten, in welchem Licht man ihn mit welcher Kameraeinstellung in Szene setzt. So schafft sie für ihn eine Welt im stillen Kämmerlein, aus der er aufbrechen und diejenige der Öffentlichkeit erobern kann. So sieht sie es vor. Von innen heraus, von den blanken Bohlen an aufwärts neu schaffen. Vorbereiten, durchplanen und erproben, dann in Bewegung setzen, durchziehen und gewinnen. In Fantasie verpuppen, herausschälen und zu monumentaler Wirklichkeit machen.

Zur Gänze lässt sich der Alltag in Haddon Hall aber noch nicht der Fantasie unterwerfen. Schließlich muss man nach wie vor sowohl Lebensmittel kaufen und Rechnungen begleichen als auch die Doppeltrommelwaschmaschine und die Trockenschleuder gebrauchen, deren Stromverbrauch die Londoner Stadtwerke messen: rappelnde Metallgeschwüre, die das altertümliche Flair auf dem Flur zerstören. Außerdem atmen da fünf weitere Leiber ihren Sauerstoff. Noch.

Samstag in Soho. An den Kreuzungen wimmelt es vor Wochenendbummlern, Auswärtigen, Schickimickis und Bordellbesuchern auf der Suche nach Bier oder Espresso, gedämpftem Licht oder lauter Musik, feschen Klamotten oder exotischem Essen, Schmuddelfilmen, billigem Sex oder was auch immer sonst sie hier zu finden glauben, wenn sie lange genug ausharren und sich an den Neonreklamen, Schaufenstern, Girls und Boys, Eingängen mit Perlenvorhängen, dem wilden Wust des nicht Jugendfreien ergötzen. Die Gerüche von Dringlichkeit, tausend hastig halb gerauchten Zigaretten, kurzgebratenem Fleisch, starken Parfums und Lacken vereinen sich mit den Abgasen hupender Autos, dem Duft aufgeschäumter Milch, von Bier und geschmolzenem Zucker zu einer gewaltigen Lockstoffwolke. Und wo Platz ist, schreiten Hand in Hand die frischgebackenen Eheleute Jones einher.

Tony und die anderen Mitglieder von Hype erwarten die beiden im Trident. David tritt zu seiner ersten Studiosession seit der Gründung der Band an, doch bei dem Song, den sie aufnehmen wollen, handelt es sich um einen alten von seinem letzten Album, „Memory of a Free Festival". Das Original war eine achtminütige Eloge auf ein Event, das er im vergangenen Sommer mit seinen Freunden vom Arts Lab organisiert hatte. Die erste Hälfte dümpelt wie Dylan oder ein noch drögeres „A Whiter Shade of Pale" herum, die zweite ist ein unterbelichtetes „Hey Jude" ohne das ganze „Na-na", dafür mit offensichtlichem Fingerzeig auf ein Raumschiff – der Teil mit dem Chorgesang, zu dem sich Marc und June im September neben Haddon-Halls Zwischendurch-Bewohnerin Nita und anderen willigen Vorbeischauenden mit einer Stimme breitschlagen ließen.

Ein halbes Jahr später hat Tony David zu einem Remake mit neuem Arrangement überredet, das seine nächste Single werden soll. Er glaubt fest daran, es irgendwie zu einem Radio-freundlichen Hit zusammenkürzen und verdichten zu können. Den braucht Bowie, nachdem „The Prettiest Star" kollabiert ist.

Bis man die Nummer im Kasten hat, vergehen mehrere Tage. David nimmt notfallmäßig die Dienste seines früheren Philips-A&R-Agenten Ralph Mace in Anspruch, der als klassisch ausgebildeter Konzertpianist einen für Moog-Synthesizer geschriebenen Part übernimmt. Tonys neues Arrangement ist farbenfroh und kontrastreich, doch am Ende verblasst die Hippie-Hymne auf einen Sommertag gemeinschaftlicher Erleuchtung in grellem Broadway-Scheinwerferlicht. Sie klingt nun nach überzogener Rockoper – wie ein Showstopper aus *Hair* mit genauso viel Sonne. David singt, von der neuen Theatralik mitgerissen, krampfhaft gespreizt, macht die „ei"-Laute in „paint, „brain" und „away" zu „ai". Zappenduster wird es aber nicht, denn das verhindert ein Nordlicht. Mick Ronson zündet bei seiner ersten Aufnahme mit David wie eine Bombe. Seine Licks schlagen zielgenau ein: simple, durchdringende Melodien, die mit Vibrato in lautstarken Strahlungswolken verklingen. Er bemüht all seine Jeff-Beck-Gesten, indem er glucksende, gleißende Rückkopplungen aus seinem Tonabnehmerwahlschalter rüttelt, die tiefen Töne schwirren und die hohen kreischen, die Heliumkerne in der Sonnenmaschine verschmelzen lässt, von der Bowie schwärmt.

Sie finden im Trident außerdem Zeit, um einen neuen Song auszuprobieren, das sinister stampfende, von Göttern und nietzscheschen Herrenkasten handelnde Ungetüm „The Supermen". Die Melodie klingt schlicht, Davids penetrante „ai"-Aussprache macht den heiklen Text umso verzwickter, und der Rhythmus verlangt nach einer Schlagfigur, die Johns Fähigkeiten übersteigt. Es handelt sich nur um eine kurze Passage, doch er findet partout nicht den erforderlichen Groove. Anstelle von David oder Tony ist Mick derjenige, der die Geduld verliert.

„Komm schon, das ist doch total einfach!"

John rechnet nicht damit, dass sich solcher Zorn aus dem Humber ergießt. Von Mick. Seinem *Kumpel*. Die Stimmung ist hinüber, die Luft wird schwer wie Giftgas. Tony legt nahe, gemeinsam Pause zu machen, und John geht als Erster zum Verschnaufen hinaus. David und Angie folgen. Sie schlagen vor, im La Chasse um die Ecke einen Muntermacher zu trinken. Dort tummelt sich die übliche Klientel aus angeheiterten Musikern, die nach Mitternacht aus dem Marquee kommen. Gernegroße, aus denen entweder noch etwas wird, hätte werden können oder nichts geworden ist. Das einzige bekannte Gesicht gehört einem Mitglied von Ashton, Gardner & Dyke, aber David kann die drei nie auseinanderhalten. Sie schauen verschlafen drein, halten Biergläser und brechen in höhnisches Gegacker aus, als sie sich umdrehen und ihn sehen. „Der Drecksack geht mir auf die Eier", meint einer und provoziert damit den nächsten Lachanfall. „Die ganze verdammte Nacht lang!" Ihr Kommando, sich hinüber zum Tresen zu verpfeifen. Ihr Wiehern geht weiter und bricht sich an der hinteren Wand, ehe es mit einem irren Röcheln verstummt.

„AHAWAHAHIHAHAAA!"

Mehr Trost braucht John nicht. Ein Pint, und er lacht so laut wie das Trio. David versichert ihm, alles werde gut. Nachdem sie ausgetrunken haben, kehren sie ins Studio zurück, wo die dicke Luft verflogen ist. Aus Micks Blick schließt John allerdings nur deshalb nicht darauf, dass sich dieser in seiner Abwesenheit mit Tony unterhalten hat, weil er es nicht vermutet. Ansonsten würde er einen Schimmer Schuld und Traurigkeit erkennen, der vor einer Stunde noch nicht da war.

Tags darauf, ein anderes Studio. London Weekend Television, die nationale Witzfabrik von Serien wie *Nichts als Ärger im Depot* und *Please, Sir!*, befindet sich einen Strafstoß weit nördlich des Wembley-Stadions. Tief im Inneren des Betonkomplexes gibt es einen kleinen Aufnahmebunker, wo hauptsächlich Film- und Werbemusik produziert wird. Tony war letzte Woche hier, um an seinem Soloprojekt Yankee Dayglo und dem zur Unbekanntheit verdammten Song „Dee Dah Shuka Shuka Doo Dah" zu schrauben. Heute hat er sich neben John und ihrem alten Session-Freund Rick Wakeman eingefunden, um wieder ein bisschen Pop-Schabernack mit Marc zu treiben. Mick ist auch gekommen, will aber nur zuschauen wie ein Lehrling im Hintergrund, und achtet genau auf Tonys Hände am Mischpult. Der aufgeweckte Schüler stellt Fragen, obgleich nicht zu viele, um nicht Gefahr zu laufen, für mehr als ein staunendes Landei aus dem Norden gehalten zu werden.

Die Arbeit gestern Nacht im Trident war anstrengend, heute fällt alles leicht. Weil David nicht da ist, gibt es auch keine Akkorde und Strophen, die nach Hochliteratur in braunen Ledereinbänden, Stirnrunzeln und Kopfzerbrechen klingen. Die Stimmung ist positiv verheißungsvoll wie das Lied, das Bolan mitgebracht hat: einen federnden Groover zum Hüftschwingen mit einem Text wie Rock-'n'-Roll-Zuckerwatte; Marc braucht keinen Nietzsche, solange er Dale Hawkins haben kann. „Baby, baby!", so einfach geht das.

Mit der Nummer haben er und Tony schon während der Fertigstellung des neuen Tyrannosaurus-Rex-Albums *A Beard of Stars* herumgespielt. „Baby, baby", wie sie prosaisch heißt, ist bislang unvollendet geblieben, weil er weiß, dass sie nicht zu den gewöhnlichen Duo-Songs über Avalon, Sonnenritter und silberne Satyrn passt. Sie beläuft sich auf einfachsten, repetitiven Tanzparkettspaß: perlend wie eisgekühlte Cola und ansteckend wie Läuse.

Tony, dem es nie an gescheiten Einfällen mangelt, hatte die Idee, das Demo von ein paar anderen Musikern einspielen zu lassen und das Ergebnis unter einem Pseudonym zu veröffentlichen. Den Leadgesang wird er selbst übernehmen, damit Marcs Stimme unerkannt bleibt. Die erfundene Band besteht also aus ihnen beiden, John und Rick. Es geht nicht darum, jemanden hinters Licht führen zu wollen; einfach nur: je abgedrehter, desto besser. Etwas Bescheuertes und Weltfremdes, das man trotzdem mit Rock 'n' Roll verbindet, bloß wie aus einer anderen Dimension. Ein Name, den auch eine Insektenart aus dem All tragen könnte.

Dib Cochran & The Earwigs.

„Oh Baby! Ooh!"

Wacka-wacka-wacka-wacka!

„Oh Baby!"

Jawohl, Baby! Was für ein Science-Fiction-Feger … Futter für marsianische Musikautomaten, welch krasse Kreuzung aus Pop-Perfekt und Fashion-Futur. Welch funkelndes Konzentrat, das nur Lautsprecher, Glitzerstaub und Teenager braucht, um einen Urknall zu erzeugen, aus dem ein Plastikuniversum aus diamantenen Sternlichthöfen, Raketenschuhen, Langzahn-Träumen, Leichtfuß-Voodoo, Alligator-Regen, flammender Liebe und lässiger Action entsteht. Welcher *Sound*!

Welcher Sound?

Ein Sound, der entsteht, als Marc seinem visionären Insiderinstinkt folgt, ohne zu erkennen, wohin er geht, ein Brausemix aus Disco, Streichern, Dance und Rock, wie es ihn im Pop bis dato nicht gegeben hat, der Sound eines experimentellen Scherzes, der die Zukunft der Menschheit stärker prägen wird, als die dafür Verantwortlichen begreifen könnten. „Oh Baby" von Dib Cochran & The Earwigs markiert die Wiedergeburt des Sounds der 1970er-Jahre. Fehlt lediglich ein passender Name. Der richtige Look. Großes Tamtam.

Es ist ein einziges großes Tamtam. Die Band weiß es, die Veranstalter wissen es, die 133 Journalisten und Fotografen, die von London nach New York fliegen, um dabei zu sein, wissen es, und alle Leser werden es wissen, sobald es die Zeitschrifteninhalte zwischen Leserpost, die den Beatles-Split beklagt, und Werbung für Peter-Wyngardes Vergewaltigungs-Single „Rape" auflockert. Es gibt jedoch Bekloppte, die Geld wie Heu, Chuzpe und den Traum haben, dass es tatsächlich funktionieren wird. Die Masche: eine Band aus Tunbridge Wells an den Start bringen, die angeblich gerade einen Deal mit United Artists eingegangen ist und die man als Support für Van Morrison im glamourösen New York unterbringt. Der Plan: ein Flugzeug chartern und geladene Vertreter der britischen Musikpresse hinüberbringen, die man mit dem unwiderstehlichen Angebot eines freien US-Abstechers bei voller Verpflegung inklusive Limo mit Chauffeur zum Royal Manhattan Hotel und Plätzen in der ersten Reihe beim Konzert geködert hat. Das Tamtam: miterleben, wie die tadellos formulierten journalistischen Stilblüten der Bestochenen in den nächsten Wochenausgaben ihrer Blätter eine Handvoll Unbekannte über Nacht zu Stars macht. Der Preis des Ruhms: 30 000 Pfund Schmarotzer-Schmiergeld.

Fürs Tamtam verantwortlich ist das neue Managementunternehmen Famepushers, in dem man zwar wissen mag, wie sich Ruhm erzwingen lässt, aber außerstande ist, eine Boeing 707 von Aer Lingus pünktlich abheben zu lassen. Der 10-Uhr-Flugstart der Schreiberlinge verzögert sich bis 14 Uhr, und dann muss man noch in Irland notlanden und die Bremsen reparieren, ehe es um 18 Uhr weitergeht. Dann ist der Pilot nüchtern genug, und die Reisenden haben es aufgegeben, darüber zu spekulieren, was Olga Deterding an Bord verloren hat. Die exzentrische Ölkonzernerbin, deren Handgelenke noch nicht ganz verheilt sind, seitdem sie sich am Abend ihrer Trennung von Alan Whicker umbringen wollte, fliegt mit ihrem neuen Schönling aus *Versteckte Kamera*, dessen Sohn und dem Groupie, das *Groupie* geschrieben hat [Jenny Fabian]. Die irischen Stewardessen schenken immerzu nach, und der Zigarettenqualm riecht zunehmend süßlicher.

Aus der vorgesehenen Landung am Flughafen JFK zur Mittags-zeit wird Samstagabend, dann bricht der bestellte Wagenzug aus 26 Cadillacs mit Polizeieskorte in den Stoßverkehr auf. Im Wett-lauf mit der Zeit sind die Fahrer angehalten, nicht erst das Hotel anzusteuern, sondern gleich den Veranstaltungsort. Nur ein Teil der Gäste gelangt früh genug durch die Staus ans Ende des Regen-bogens zum Fillmore East. An dem schäbigen, umgebauten Kino an der Lower East Side werden die halbtoten Briten aus den Limos und zu ihren Plätzen gezerrt. Man reicht weitere Drinks, der Gras-qualm wird dichter.

Die Band, die niemandem geläufig ist, aber allen einen Trans-atlantikflug wert war, um sich in sie zu verlieben, betritt endlich die Bühne. Als sie einige poppige Single-Flops herausbrachten, hießen sie noch Kippington Lodge – ein schrecklicher Name, also änderte ihn ihr Gitarrist Brinsley Schwarz, ein Engländer mit deutschen Wurzeln kurzerhand; bedauerlicherweise wählte er stattdessen seinen eigenen. Das lässt an eine Pistole der Wehrmacht oder eine bayrische Deli-katesse aus eingelegtem Pferdefleisch denken, aber gewiss nicht an vier Typen aus Tunbridge Wells, die wie The Band klingen wollen. Sie eröffnen ihr Set mit einem Stück, das zwölf Minuten dauert. Die Journalisten sitzen da, glotzen und grinsen dösig vom Jetlag, während ihnen der Scotch aus den Ohren zu laufen droht. Sie sind jetzt seit mehr als 20 Stunden wach.

Sobald sich die verkaterten Überseereisenden wieder heil in London befinden, verhängen sie ein ernüchterndes Urteil: Brinsley Schwarz werden für schuldig befunden, den „größten Hype aller Zeiten" begangen zu haben, und Famepushers zahlen die 30 000 Pfund nun dafür, dass sie über Nacht alles andere als berühmt wur-den. Weder ihre Debütsingle noch das erste Album schaffen es in die Top 40. Nichts, was sie je veröffentlichen, wird dorthin gelangen. Brinsley Schwarz sind genauso wie der Werbeslogan „Beanz Meanz Heinz" der Inbegriff des Hype, und im hartumkämpften Musik-geschäft der 1970er ist „Hype" soeben ein sehr schmutziges Wort geworden.

Der Drummer der Band Hype wittert weitere Gefahren, erkennt sie aber nicht, bevor das Messer schon zwischen seinen Schulterblättern steckt. Erst dann lässt er die Szenen schmerzlich langsam im Kopf Revue passieren und begreift sein jähes Aus.

Vielleicht lag es an den Witzen. Mit Johns Humor kam nicht jeder klar, aber so ist er halt; entsteht in einem Gespräch eine Pause, die nur so lang ist wie ein Zigarettenpapier dick, füllt er sie mit geballtem Blödsinn.

„Tabak. Wer hat ihn entdeckt, David? Richtig, Sir Walter Raleigh. Und was hat er noch entdeckt? Kartoffeln. Stell dir vor, er hätte das verwechselt, dann würden wir statt Kippen jetzt Knollen rauchen, die auch King Edward heißen!"

Nein, es kann nicht *nur* an den Witzen gelegen haben. Vielleicht war er zu nett. David mochte John. Schon immer. Nichts gegen John. Er wollte nie mehr von David, bloß in seiner Band spielen und sein Freund sein, mit ihm Bier trinken, Spaß haben, Darts werfen oder im Garten Fußball spielen. Möglicherweise mochte David ihn zu gern. Muss John in seinem Übermut auf seinen Platz hinterm Schlagzeug verweisen, findet Lady Bowie. Gnadenlos niedermähen, um Erfolg zu ernten. Keine Zeit für Freunde, wenn man Lehnsmann von Haddon Hall ist und hiernach König werden soll.

Allmählich ergibt es Sinn. Der Tag, an dem Benny da war. Mick lud den früheren Rats-Sänger für ein paar Tage aufs Anwesen ein. Nur der Geselligkeit wegen, glaubte John, bis er die beiden, nachdem er sie kurz alleingelassen hatte, um einkaufen zu fahren, bei Tony antraf, wo sie das Azetat eines Rats-Demos hörten, auf dem nicht John, sondern der Drummer der späteren Besetzung spielte, ein anderer Mick – „Pecker", so sein Spitzname damals in Hull, oder „Woody", was ihm lieber war in einer Stadt, wo es zu viele Micks gab, und für seinen Nachnamen stand: Woodmansey wie ein Dorf in der Gegend. Sie behaupteten, Tony wolle The Rats hören, um Benny einen Plattenvertrag für sie zu besorgen. In dem Moment hätten bei John die Alarmglocken klingeln sollen. Das taten sie aber nicht. Und so nimmt alles seinen Lauf.

Es bahnt sich unter einem Silberstreif an. Einem kurzen, den John gern verlängern will, doch das Scheißding in seiner Hand will nicht funktionieren. Der Streifen zieht sich an der Decke von Davids und Angies Schlafzimmer entlang. John streicht sie für die beiden, was aber wegen des Kassettenmusters schwierig ist. Um sich die Arbeit zu erleichtern, hat er sich in einem Heimwerkermarkt eine Sprühpistole besorgt, eine Glasflasche mit langer Düse. Die zu dicke Farbe verklebt jedoch die Spritzöffnung. Der Silberstreif ist nur ein kleiner Klecks, weshalb sich John gezwungen sieht, es auf die umständliche, fummelige Tour zu erledigen. So balanciert er nun an einem frühen Nachmittag im April mit einem Pinsel auf einer Trittleiter.

Die Schlafzimmerfenster stehen offen, damit die Dämpfe der Farbe abziehen. Als David und Angie zurückkehren und den Rover neben dem Haus parken, bekommt John deshalb alles mit. Das Knirschen des Schotters in der Einfahrt. Der stotternd ausgehende Motor. Wie die Beifahrertür aufgestoßen wird.

Angies Stimme, klar und gebieterisch: „Du *musst* es ihm sagen!"

John hält beim Betupfen der Decke inne.

Also dann. Jetzt kommt's.

Das Rütteln an der Haustür. Schritte. Stimmen. Knarrende Angeln.

„John? Können wir mal ein Wörtchen miteinander reden?"

Das Wörtchen kommt wie in Watte gepackt daher, weil sich David nicht anders auszudrücken weiß. Obwohl es aus vielen Wörtern besteht, verschwimmen diese in Johns Ohren zu einem einzigen. *„Die-Sache-ist-wir-haben-diskutiert-und-beschlossen-uns-einen-anderen-Schlagzeuger-für-die-Band-zu-suchen-ich-will-aber-dass-du-eines-verstehst-das-ist-ganz-wichtig-weißt-du-es-liegt-nicht-an-dir-echt-nicht-doch-wir-brauchen-einen-Drummer-der-uns-beim-Arrangieren-helfen-kann-das-ist-der-einzige-Grund-und-was-ich-dir-noch-sagen-wollte-das-bedeutet-mir-auch-sehr-viel-du-musst-nicht-ausziehen-sondern-darfst-bei-uns-bleiben-und-nimm-nichts-davon-persönlich-John-begreif-bitte-darauf-lege-ich-großen-Wert ..."*

John deutet das Gesagte richtig. Das ist also der Grund: Sie wollen einen Arrangeur. Einen Ideengeber. Beispielsweise um die beiden Teile der neuen Version von „Memory of a Free Festival" durch einen Hammerschlag auf ein Becken miteinander zu verknüpfen, der dann rückwärts abgespielt wird und dann dramatisch abrupt abbricht wie ein Sauggeräusch. Das war sein eigener Einfall, aber trotzdem: Sie wollen einen Arrangeur.

Mick schweigt John gegenüber. Tony auch. Ein Montagabend. *High Chapparal, Up Pompeii* und *Doomwatch* im Fernsehen. John ist nach nichts davon zumute.

Als er am nächsten Tag im Morgengrauen aufsteht, lädt er sein Kit in den Kofferraum des Hillman. *Tamburin klirr! Schepper! Schepper! Tamburin klirr!* Leise geht's nicht. Mick und Roger, die unter ihren Decken wie Nacktschnecken aussehen, rühren sich nicht und bleiben verdächtig reglos. Niemand kommt aus den anderen Schlafzimmern, um sich zu verabschieden. John wartet nicht. Nachdem er den Kram verstaut hat, steigt er ein, knallt die Fahrertür zu, startet den Wagen und lässt Haddon Hall hinter sich, ohne noch einmal in den Rückspiegel zu schauen.

Mit nimmt er eine Rassel von David, die in seiner Drum-Kiste aufbewahrt wurde, was er vergessen hat, außerdem seinen Cowboyhut von Hype und einen am Abend zuvor geliehenen Fünf-Pfund-Schein. John erklärte David, er bräuchte ihn zum Tanken, doch dafür genügen zwei Pfund. Den Rest gibt er auf einer Poststelle in Kensington aus, indem er sein Vertrauen auf die Lotterie setzt und in Losanleihen investiert. Er weiß noch, wie sein Dad mit Fluppe im Mund und Papier in der Hand jeden Monat nach den Gewinnzahlen schaute. „Kent! Immer staubt jemand aus Kent ab! Dass John von Kent aus nach Hause fährt, bringt ihm hoffentlich Glück. Der Beamte stempelt seine Scheine ab.

B O W 8.

Und die Gottheit lacht.

Der lindgrüne und cremefarbene Hillman verlässt West London der Beschilderung folgend Richtung Norden. John ist daheim, lange bevor die Fritteusen zur Teezeit brutzeln.

ZWÖLF

Pecker ist drin. Das steht fest, ehe John draußen ist. Als der Davids Zimmerdecke streicht, hat Woody die telefonische Zusage schon erhalten, und ein Vertrag, den er unterschreiben soll, liegt bereit. Er ist noch unschlüssig: wegen David, des Umzugs in den Süden, der Kündigung seines sicheren Jobs bei einem Brillenhersteller in Yorkshire-Sibirien. Mick überzeugt ihn aber davon, dass er nichts zu verlieren hat.

„In Hull wird rein gar nichts aus dir."

Das stimmt. Woody ist gerade 20 geworden, und Yorkshire-Sibirien meint Driffield weit nördlich der Himmelsstadt Hull und halb so weit landeinwärts von den Spielhallen in Bridlington; das Beste, was man über Driffield sagen kann, ist, dass es keinen so affigen Namen hat wie der Nachbarort Nafferton.

Mick entdeckte Woody hinter der Schießbude der Bauerntölpel The Roadrunners, die den Stones und John Mayalls Bluesbreakers nacheiferten. Er haute ordentlich rein, als seien seine Sticks Blitz-ableiter für angestaute Wut: darauf, als nutzloser Klassenclown von der Schule geworfen worden zu sein, auf seinen gewalttätigen Vater, der als Armeeveteran häusliche Blitzkriege mit Geschirr führte, und auf die Gewissheit, den Rest seines Lebens in Yorkshire-Sibirien verbringen zu müssen.

Zu den Rats hat Pecker kein volles Jahr lang gehört. Er war nach Johns Weggang im April '69 Micks erste Wahl und wurde an einem Sonntag in der Brillenfertigung von Vertex als Ersatz angeheuert, wo er Überstunden machte. Die Band hatte den Weg nach Drif-field gemeinsam auf sich genommen, um ihn ins Gebet zu nehmen.

Er widersetzte sich nicht. Die schweren Geschütze, die The Rats mit Hendrix, Mayall, Beck und Cream bestückt auffuhren, waren ganz nach Woodys Geschmack. In jenem Winter produzierten sie im selben Heimstudio, wo „Bernie Gripplestone" entstanden und abgekackt war, zwei nach speckigen Jeans stinkende Songs, ein plärrendes Original und ein Cover von Mayalls „Telephone Blues". Dies war das Demo, das Tony in Haddon Hall hörte. Woody brauchte nicht persönlich vorzuspielen, um den Posten zu bekommen.

Er muss zweimal am Telefon bekniet werden − erst von David, dann von Mick − und bis Montagmorgen nachdenken, ehe er zusagt. Dann ruft er bei David an, der am selben Nachmittag sein salbungsvolles „Wörtchen" mit John spricht. Dieser ist am Dienstagmittag nicht mehr da, und am Wochenende liegt ein anderer auf seiner alten Matratze in Haddon Hall.

Woody ist ruhiger und stärker behaart, raucht mehr und hat einen etwas spröderen Humor als sein Vorgänger, wohingegen seine Hull-typisch brummige Sprechweise die Fensterscheiben genauso zum Vibrieren bringt. David lauscht, verinnerlicht, ahmt nach: grummel-grummel-grummel. Kaum dass er sich mit seinem jugendlich übereifrigen, etwas flapsigen Wesen im Haus eingelebt hat, rutscht er beim Schneiden mit einem Küchenmesser ab und reißt sich einen Finger bis zum Knochen auf. Er wird mit drei Stichen genäht, und Hype haben auf einmal einen Drummer, der nicht spielen kann, bis die Wunde verheilt ist. Daran lässt sich nichts ändern.

Die Leitung ist tot. Da stimmt etwas nicht.
„Houston, wir haben ein Problem."
Zwei Tage nach dem Start der Astronauten zum Mond explodiert ein Sauerstofftank, wobei das Schiff Schaden nimmt und die Mission scheitert. Ihr Schicksal hängt nun von Mathematik, Glück und den zusammengenommenen Gebeten der Welt ab, die von Westminster, wo eine Mitternachtsmesse gehalten wird, bis zur Klagemauer besorgt den Atem anhält. Ein reales Drama, unvorstellbar, weit schlimmer, als es im Text eines beliebten aktuellen Songs aus-

gemalt wird, den sich keine Zeitung zu erwähnen traut. Die täglichen Schlagzeilen bilden selbst Strophen.

Mittwoch: Entsetzen.

DIE WELT BETET
STUNDEN DER HOFFNUNG
VIEL GLÜCK, APOLLO 13!

Donnerstag: Verzweiflung.

DIE BANGEN STUNDEN
DER HARTE KAMPF
STROMAUSFALL AN BORD VON APOLLO 13

Freitag: Zuversicht.

UM SIEBEN KOMMEN SIE ZURÜCK
DIE WELT WARTET
APOLLO KANN ES SCHAFFEN!

Samstag: Rettung.

AMEN!
WUNDERBAR!
GOTT SEI DANK!

Obwohl die Wissenschaft die drei Raumfahrer gerettet hat, schreibt man es dem Himmel zu. Nach ihrem Sturz in den Südpazifik werden sie auf ein Bergungsschiff geflogen und mit Salutschüssen zur Musik einer Militärkapelle begrüßt. Die erste, die sie bei ihrer Rückkehr auf die Erde hören, stammt von Richard Strauss.

„Also sprach Zarathustra" aus *2001: Odyssee im Weltraum.*

Laurence Myers wollte nie Buchhalter werden. Als junger Jude aus Nordlondon ist er zu charmant für Kontenblätter und doppelte Buchführung und auch nicht sonderlich gut darin, wie er selbst zugibt. Im Scherz meint er: Wäre er Arzt, dann hätte er so manchen seiner

Patienten auf dem Gewissen; mit seinen Bilanzierungsfehlern aber ist er lange genug unbescholten geblieben, um seinen Weg in der Buchhaltung zu machen. Er will aber raus aus und schafft es 1970, indem er einen Neuanfang wagt.

Die letzten paar Jahre hat er mit Erbsenzählerei für die Unterhaltungsbranche verbracht: als Kontenführer für Mickie Most und im Dienst der Rolling Stones. Laurence riecht Schminke viel lieber als Durchschlagpapier und orientiert sich schrittweise gen Künstlermanagement. Sein erster Klient ist ein renommierter Produzent und Arrangeur, der für Billy Fury, Marianne Faithfull und Paul Jones komponiert: Mike Leander. Dieser sucht derzeit nach einer Möglichkeit, seinem alten Freund zum Durchbruch zu verhelfen, dem zigmal baden gegangenen Rocker Paul Gadd, der sich momentan Paul Raven nennt.

Zweitens stößt Tony Macaulay hinzu, der König Midas des Schunds und Dauerparker auf Platz 1 dank „Love Grows" von Edison Lighthouse, wofür Laurence persönlich einen Deal mit Bell Records ausgehandelt hat. Dank des Honorars von diesem Label kann er sich mit 33 endlich aus der Buchhaltung zurückziehen und seine eigene Managementfirma gründen. Er nennt sie Gem.

Das Büro liegt im Herzen der Stadt: Regent Arcade House gleich am Oxford Circus in einem ehemaligen Ausstellungsraum für Frauenunterwäsche von Warner's im dritten Stock, wo man weder Fußgänger noch das Donnern der Bahnlinie 12 nach Croydon hört. Früher staunte man hier über Mieder, die nicht verrutschten, und trägerlose BHs, jetzt sieht Laurence es als sein eigenes Brill Building – ein ähnlicher Stock für komponierende und produzierende Arbeitsbienen, die vor Ideen für die nächste Nummer 1 brummen, eine Entbindungsstation für die Stars von morgen, wo Promoter, Journalisten, Manager und Musiker Kontakte und skurrilen Tratsch austauschen.

Der Ausstellungsraum muss nicht aufwendig umgebaut werden. Laurence teilt ihn in ein Konferenzzimmer, einen Empfang und mehrere kleine Büros auf: je eines für ihn selbst, Macaulay mit seinen ausschließlich weiblichen Angestellten, Macaulays umwerfende Agentin und Exfreundin Anya Wilson sowie Mike Leander und dessen omnipräsenten, beschäftigungslosen Laufburschen Paul Raven. Der Rest bleibt für künftige Mitarbeiter frei.

Während der Name die Runde macht und Gem beliebter wird, läutet das Telefon häufiger.

„Laurence? Tony Defries hier."

Tony Defries, Anwalt bei der Kanzlei Godfrey, Davis & Batt, vormals Martin Boston & Co. Und das, obwohl er kein gelernter Jurist ist und auch nicht danach aussieht. Er hat eine Schreiberstelle, einen riesigen Riechkolben und einen Wuschelkopf, trägt einen sonderbaren viktorianischen Gehrock und scheint aus einem Dickens'schen 800-Seiten-Roman gepurzelt zu sein, der ohne ihn erheblich dröger wird. So hat Laurence ihn in den 1960ern kennengelernt: Er der Buchhalter und Defries ein Rechtsverdreher, der scharfgemacht wurde, um Mickie Most oder genauer gesagt dessen Manager Allen Klein in einem Prozess zu vertreten. Klein ging bereits für die Rolling Stones über Leichen und tat dies bald auch für die Beatles. Sein Ruf im Sixties-Pop entsprach dem von Al Capone im Chicago der 1920er-Jahre. Das gefiel Klein. Er brauchte und wollte keine Freunde; ihm stand der Sinn nach Geld, Macht und den Klöten jedes Plattenbosses als Kugeln für das Newton-Pendel auf seinem Schreibtisch. Die kriegte er auch. Er war ein pomadisierter, Pfeife schmauchender Gangster in einem Milieu Tee trinkender Sirs mit getrimmten Schnurrbärten, die auf seine Geschäftsgebaren reagierten wie auf jemanden, der zu einer Partie Flohhüpfen einen Baseballschläger mitbringt. Er wurde von mehr Menschen gehasst als geliebt, doch wer ihn schätzte, tat dies vor allem deshalb, weil Allen Klein einen Scheißdreck auf die Meinung von irgendjemandem im gesamten Universum außer ihm selbst gab. Und niemand schätzte ihn so sehr wie Defries.

Nachdem er den Fall Most/Klein gewonnen hatte, blieb Tony mit ihm in Kontakt. Sie verabredeten sich gelegentlich unter dem Vorwand eines steuerlich absetzbaren Geschäftsessens zum Dinner unter den künstlichen Weintrauben von Sohos angesagtestem

Restaurant – La Trattoria Terrazza oder „The Tratt", wo man oft dabei zuschauen konnte, wie Mick Jagger oder Michael Caine an gedünsteten Kalbsnieren saugten. Defries und Klein waren erst letzten Monat zum Lunch mit einem Tross Londoner Topmodels dort, die Hilfe beim Aushandeln besserer Verträge brauchten, wobei die Tischgesellschaft aussah wie in einer Variation des *Abendmahls* von Da Vinci für die *Cosmopolitan*. Tatsächlich haben sie seitdem nichts voneinander gehört. Bis jetzt.

„Tony! Was kann ich für dich tun?"

Die Stimme raunt langsam und bedächtig durch die Leitung.

„Laurence? Ich hatte Besuch von David Bowie. Weißt du, wer das ist?"

Der Brief fällt Ken aus den Händen. Er hat ihn im Stehen gelesen und muss sich nun setzen, um den Inhalt zu verwinden.

Das war's also.

Er nimmt die Brille ab, putzt sie nervös mit seinem Taschentuch und schiebt sie zurück auf die Nase, ehe er den Brief vom Boden aufhebt, um ihn noch einmal zu lesen. David hat ihn geschickt. Da sind seine Adresse und seine Unterschrift, aber da ist nichts von seiner Seele. Die Worte wirken untypisch für ihn – maschinell zusammengefügt wie Teile eines juristischen Baukastens anhand einer mathematischen Formel, die nur Schmerz, Kosten und Kummer ergibt.

$$\textit{(Mir wurde geraten)}^{\text{db}} = \sum_{\textit{Frühere Bemühungen}}^{\textit{Unsere Abmachung}} \left(\frac{k}{p} \right) \textit{Karriereentwicklung}$$

Und da ist die nackte, hässliche Wahrheit.

Mir wurde geraten.

Die Buchstaben stellen sich von selbst um, während er hinschaut.

Du wurdest verraten. Ich brauche dich nicht mehr. Andere sind als Drahtzieher an deine Stelle getreten, und das ist ihre erste entschiedene Amtshandlung. Du bist nicht mehr mein Manager, und ich bin nicht mehr dein Klient. Zwischen uns ist es aus.

Das Todesurteil für Kens persönlichen Pygmalion: den profilierten Künstler, den er über Jahre hinweg aus einem unbeleckten Mod-Teenager zu einem Songwriter, Instrumentalisten, Theater- und Filmschauspieler geformt hat. Den Knaben, den er selbst von Jones zu Bowie gemacht hat. Dabei sah Professor Pitt noch Großes für seine Eliza kommen. Einen Auftritt beim Harrogate Festival mit irgendeiner „Pantomime" und die Erzählerrolle in einer Bühnenadaption von Sir Walter Scotts *Das schöne Mädchen von Perth* mit breitem schottischen Zungenschlag. Zum Schluss Danksagungen, Verbeugungen, Applaus und Blumensträuße. Das war Kens Vision für David Bowie 1970. Er hat auch einen Schlachtplan mit sieben ähnlichen Zielen für nächstes Jahr entworfen, ganz zuunterst ein weiterer Hit.

An die Wand neben dem Telefon in Haddon Hall gekritzelt steht Davids eigenes Ziel.

„Nicht konform gehen, radikal sein."

Über dem „konform" fügt er zwei Wörter hinzu: „Ken Pitt".

Das buchstäbliche Menetekel.

Ken legt den Brief beiseite und fokussiert seinen Blick in die unscharfe Leere des Raumes. Hier saß David vor drei Wochen bei seinem letzten Besuch in der Manchester Street. Es zeigte sich schon damals in einem Muskelzucken, als David unvermittelt betrübt die Stirn runzelte wie auf dem Einband eines abgeschmackten Taschenbuchthrillers: *Die grausame Ermordung des Kenneth Pitt.* Es erinnerte an ein schmollendes Kind kurz vorm Weinen.

Er sagte es sogar laut. „Ich würde gern probieren, mich selbst zu managen."

Damit war der Dolch gezückt. Ken rechnete nicht damit, dass David auch wirklich das Zeug hatte, damit zuzustoßen. Tat er auch nicht, jedenfalls nicht an dem Tag. Davon abgebracht hatte ihn ein Scheck über 200 Pfund als Vorschuss, den Ken ihm als Lösegeld übergeben hat. Aber jetzt das.

Mir wurde geraten.

Ken glaubt sicher zu wissen, wer dahintersteckt. Für *Die grausame Ermordung des Kenneth Pitt* zeichnet Angie verantwortlich. Die Türen für David eintritt und Leute am Kragen packt; die schrille Stimme, die einen Saal zum Schweigen bringt, damit man ihn hört; das Bellen am Telefon, das nicht nachlässt, bis ein Nein zum Ja wird; seine Amazone am Verhandlungstisch, die bereit ist, alles und jeden niederzutrampeln, der dem verdienten Erfolg ihres Mannes im Weg steht. Angie, Davids Beraterin. Angie. Kens Abserviererin.

Die Vermutung stimmt jedoch nicht ganz. Das Komplott ist vertrackter, als er es sich vorstellen könnte, und nicht allein Angies Werk. Sie hat lediglich den Anstoß dafür gegeben. Nachdem sich Ken zunächst an ihren Moog spielenden A&R-Freund Ralph Mace gewandt hat, schlägt er vor, dass die Eheleute mit Labelchef Olav Wyper sprechen. Dieser hört sich ihre Anliegen verständnisvoll an. David erklärt, Ken sei mehr als ein Freund. Er scheut sich vor der Auflösung ihres Managementvertrags, kommt aber um seiner Karriere willen nicht umhin. Olav erwidert, dafür sei ein guter Anwalt nötig. David kennt keinen, muss er einräumen. Ob Olav einen empfehlen kann?

Ja. Der erste Kandidat, der ihm einfällt, ist ein schrulliger Jungspund, mit dem er neulich im Tratt zu Mittag gegessen hat. Hochstehende Haare. Eigenartige Garderobe. Sittenstreng, aber mit Afro. Und scharfsinnig. Sehr scharfsinnig.

Als Olav weiterspricht, hört David Bowie zum ersten Mal den Namen Tony Defries.

Die grausame Ermordung des Kenneth Pitt vollzieht sich etwa einen halben Kilometer weit von seinem Apartment in der Manchester Street entfernt. Als er sich zurücklehnt und über die penibel aufgereihten Werke von André Gide in seinem Bücherregal sinniert, ahnt er gar nicht, dass David ganz in der Nähe ist. Er sitzt in einem Büro am Cavendish Square neben Angie und sinniert seinerseits über den langen, fleischigen Zinken von Kens baldigem Scharfrichter. Der Zinken bläht sich unter müden Augen mit geweiteten, aber ruhigen

Pupillen, die das vorhandene Licht verschlucken wie zwei Schwarze Löcher. Objekte, die alles durchdringen und selbst undurchdringlich sind. Die unerschrockenen Augen und der neugierige Zinken passen zur formellen Einrichtung einer Kanzlei hinter der denkmalgeschützten edwardianischen Fassade von Harcourt House, W1. Die Frisur weniger. Eine Blase aus schwarzem Kraushaar breitet sich wie ein Sturzhelm aus Stahlwolle an den Schläfen und über die Kopfhaut aus. Anhand solcher Merkmale kann man schwerlich auf ein Geburtsjahr tippen. Er sieht weder alt noch jung aus, ist nicht richtig modern und auch nicht von gestern. Vielleicht wie der römische Kaiser Nero mit einer Perücke aus *Hair*? So oder so, er ist es, der Ken in Davids Auftrag den Garaus machen wird. Er ist Tony Defries.

Defries ist 26, Jude und am Südufer der Themse aufgewachsen, obwohl er Reportern weismacht, er stamme aus Shepherd's Bush. Daraus sollen sie schließen, er sei als Straßenkind durch eine romantisch verklärte harte Schule gegangen, die es in Croydon nicht gibt. Oberstes Gebot im Evangelium nach Tony Defries: Die sterbenslangweilige Wirklichkeit soll dich nicht daran hindern, haarsträubende Hirngespinste zu verkaufen.

Was Musik an sich betrifft, ist er stocktaub, doch wenn es um Finanzfragen geht, hat er sozusagen das absolute Gehör. Er nimmt Lyrik als Prozentsätze wahr, Kadenzen als Klauseln und Harmonien als stille Reserven. Seine Erfahrung beruht auf jahrelanger aufmerksamer Beobachtung im Schatten seines Vorbilds Allen Klein, wobei seine Fähigkeit, detaillierte Informationen zu speichern, abzurufen und wiederzugeben, so umfassend ist, dass man sie übermenschlich nennen kann. Unter der chaotischen Frisur und hinter dem trügerisch trägen Blick verbirgt sich eine Rotationskartei voller Namen, Daten und Dezimalkommas. Zu B blättern. Bowie, David. Das sagt Defries nichts. „Space Oddity"? An den Titel erinnert er sich vage, an den Interpreten nicht. Der sitzt nun vor seinem Schreibtisch und schaut ihn bemitleidenswert trübselig an – ungekämmt und hohlwangig mit Zähnen, für die sich ein räudiger Hund schämen würde. Er hat sich die Fingernägel bis zur Haut abgekaut, und seine Kleider sind zwar sauber, wirken aber zerschlissen. Angie gibt wie auf Abruf ihr Bestes als Marktschreierin, die für die größte Schau der Welt wirbt, doch der Eindruck, den David vermittelt, ist jener eines armseligen Waisen, der um Obdach bettelt. Und genau dies tut er in Defries' Ohren auch.

Das Problem, das Bowie darlegt, gehört zu seinem Alltagsgeschäft. Grundlegende Drecksarbeit, wie er sie gleich an seinem ersten Tag im Büro von Klein beigebracht bekommen hat. Er überlässt David das Wort weitgehend und hört sich die leidige Geschichte von dessen bindendem Vertrag mit Kenneth Pitt an. *Armer Wicht*, denkt Defries. *Er hat sich einen ganz schönen Schlamassel eingebrockt.*

David beendet seine Ausführungen seufzend mit Trauermiene, wohingegen Angies stechender Blick nach unmittelbarem Handeln verlangt. Defries lässt sich einen Moment Zeit zum Überlegen. Dann lehnt er sich in seinem Sessel zurück, drückt die gespreizten Finger seiner Hände zusammen und verlautbart es in einem ruhigen Tonfall ohne Hast, um mit keiner Silbe missverstanden zu werden:

„Ich kann Sie aus Ihrem Vertrag befreien."

Die Worte rieseln in Davids Schädel wie erste Regentropfen nach einer Dürre. Regen, der zu Tränen wird. Er weint.

Draußen zittern die Platanen in stiller Anteilnahme, während der Verkehr stockend zwischen den Ampeln durchs West End brummt. In der Manchester Street starrt ein Plüschbär namens Bobby leblos in stiller Qual an die Zimmerdecke. Im italienischen Café an der Ecke singt Jimmy Ruffin „Farewell Is a Lonely Sound".

Lebewohl klingt einsam …

David fährt sich über die Augen. Angie und Defries lächeln sich gegenseitig zu, als ob sie miteinander anstoßen würden. Als ob sie Blut geleckt hätten.

Zuallererst, so empfiehlt er, muss David Ken schriftlich darüber informieren, dass er sich nicht mehr von ihm managen lässt. David erklärt sich mit einem gefügigen Nicken einverstanden. Defries schiebt ein leeres Blatt Papier über den Tisch und gibt ihm einen Stift. Dann diktiert er.

„Mir wurde geraten …"

Da sein neuer Schlagzeuger außer Gefecht gesetzt bleibt, absolviert David weitere Auftritte allein. Buchungen aufs Geratewohl treiben ihn nach Norden in ein Kasino mit Kleinkunstbühne in Stockport, wo er vor Barclay James Harvest auftritt. Er verputzt ein paar Fleischküchlein vom örtlichen Imbiss, trällert für die reformpolitischen Apostel von Greater Manchester und verpasst seinen Zug, sodass er auf einer Bank zusammengerollt allein am Bahnhof der Stadt übernachten muss. Das knorpelige Essen liegt schwer im Magen, und mit Gedanken an die Zukunft tut er sich noch schwerer, während der Nordwestwind den Sonnenaufgang desinteressiert schnarchend heranrücken lässt.

Der Morgen bringt Schlagzeilen einer neuerdings Beatles-losen Welt, in der Gypsy Rose Lee tot ist und ein Versuch vereitelt wurde, Prinzessin Margarets achtjährigen Sohn zu entführen, um die Freilassung der Kray-Zwillinge zu erzwingen. An der Spitze der Single-Charts steht „All Kinds of Everything" von der irischen katholischen Schülerin Dana; sie ist 18 und betet jeden Tag den Rosenkranz mit ihrem 48-jährigen Manager, der sein Amt als Rektor bald ablegen wird, um sich gänzlich ihrer Karriere zu widmen. Binnen einer Woche – Gegrüßet seist du, Maria! – gibt ihm die Sängerin den Laufpass.

Im Frühzug nach Euston leistet David leise Abbitte für eine ähnliche Sünde.

An einer Tür in der Manchester Street läutet es. Die Totenglocke, Ken hat damit gerechnet – Bobby anscheinend auch in Anbetracht seiner starr verzweifelt dreinschauenden Knopfaugen. Sie sind um auf die Minute genau 17 Uhr da, so wie sie es wenige Tage zuvor abgemacht haben, als er ans Telefon ging und sich im Namen der Kanzlei Godfrey, Davis & Batt am Cavendish Square mitteilen lassen durfte, dass David Bowie, den er offensichtlich kenne, und ein Mr. Anthony Defries, den er wahrscheinlich nicht kenne, ihn besuchen würden. Nachdem er Datum und Zeit genannt hatte, legte der Anrufer auf. Seitdem haben Ken und Bobby ihre letzten gemeinsamen Tage der Not bis zum Glockenschlag gezählt; nun, da die Axt niedergehen soll, betätigt Ken den elektrischen Türöffner, um den Scharfrichter und seinen Gehilfen eintreten und die Treppe heraufkommen zu lassen. Ein Klopfen an der Wohnungstür. Der Todgeweihte schluckt, öffnet ergeben und stellt sich seinem Schicksal. Sein erster Gedanke: *Das Schicksal hat eine gewaltige Nase.* Hinter dem mit dem Zinken verzieht David den Mund zu einem bemühten Grinsen. Ken grinst noch bemühter zurück. Ein Ausdruck von Freude, doch sein Blick durch die Brille ist traurig.

Et tu, Bowie?

Er sieht ihn nach dem Brief mit dem einleitenden „Mir wurde geraten …" zum ersten Mal wieder. Ken hat schließlich zurückgeschrieben, er sei nicht imstande, ihren bestehenden Vertrag aufzulösen, aber bereit zu einer Unterhaltung darüber, wie man es *vielleicht* tun könne. David ist nicht darauf eingegangen, sondern hat den Antwortbrief gleich Defries gegeben, den der Inhalt allenfalls amüsierte, da das Todesurteil über den Absender bereits gesprochen war.

Und nun – die Hinrichtung.

Ken lässt die beiden herein: Defries förmlich mit Anzug und Krawatte, David leger in Satin und Spitzen. Sie nehmen Platz, wobei sich David aus der Macht der Gewohnheit heraus am Rand der grünen Couch niederlässt. Er ist und bleibt still wie eine unbenutzte Bauchrednerpuppe, während Defries für sie beide spricht. Ken hört nur flüchtig zu, weil er sich fragt, wer oder was diese entseelte Wachsfigur von einem Knaben ist, den er als David gekannt hat und die nun ausdruckslos auf einen festen Punkt an einem unsichtbaren Horizont an der Wand gegenüber glotzt. Ist er bekifft? Nein, er tut nur so als ob. Noch eine schlechte „pantomimische" Vorstellung. Er hockt da, als sei er nicht zugegen, weil es nicht geschehen würde, wenn er nicht zugegen wäre. So muss er weder etwas sagen noch tun, sondern nur da sein, ohne wirklich da zu sein. Braucht Ken nicht anzuschauen, dessen Kränkung nicht wahrzunehmen, kein schlechtes Gewissen zu bekommen, sich nicht grausam, rückgratlos oder untreu zu fühlen. Überhaupt nichts zu empfinden.

Defries exekutiert mit bemessenem Amtschinesisch. Ken sucht zum Abschied den Blick des hübschen Feiglings, der sich nun verkrampft auf seiner Couch aufgerichtet hat, und weiß, dass sich dieses herbe letzte Porträt von David in der Manchester Street in seinem Gedächtnis einprägen wird. Der Schmerz zieht sich einen sehr langen Augenblick hin.

Nach der Vollstreckung stehen und brechen die beiden auf. David hält inne, bevor er die Tür erreicht. Ein zuckender Blick, eine ausgestreckte Hand, eine leise, belegte Stimme:

„Danke, Ken."

Haut berührt Haut. Puls an Puls. Genauso schnell lassen sie wieder los. Die Tür geht zu, und David ist weg. So nachdrücklich hat sich die Wohnungstür noch nie geschlossen.

Ken stellt sich ans Fenster und beobachtet, wie der Anwalt mit seinem Klienten die Straße hinunterstolziert, bis sie nicht mehr zu sehen sind. Sein Blick bleibt auf die Stelle fixiert, wo sie verschwinden und sich einbrennen wie das letzte Kamerabild eines Films. Für Ken geht der sehr lange Augenblick nicht vorbei.

DREIZEHN

Ein dumpfer, monotoner Rhythmus – nichts Synkopisches, nur ein fahriges Bumm-Bumm-Bumm – bringt den Boden in Haddon Hall ein wenig zum Beben. Es klingt nach Werkzeug und Industrie, Mensch und Material, Hammer und Nagel, wummert von unten aus dem Keller neben der Erdgeschosswohnung im Gebäude herauf. Vor nicht ganz einem halben Jahrhundert lagerten hier bis unter die Decke erlesene Weine, die man bei Bedarf geholt und Abendgästen aus der vorstädtischen Mittelschicht serviert hat. Das Gewölbe war leer, unbenutzt und verwahrlost, doch nun hat sich Tony als Zimmermannssohn mit Sägemehl im Blut angeschickt, den toten Stein mit einer neuen Innenhaut aus Holz wiederzubeleben. Er baut einen Raum in den Raum und steckt Eierkartons als Dämmstoff zwischen die Wände, damit David, Mick, Woody und er darin proben können, während die anliegenden Wohnungen weitgehend von ihrem Krach verschont bleiben, wenn sie daran feilen. Der Platz reicht gerade so für Schlagzeug, Verstärker und andere Instrumente aus, doch kommen vier Personen hinzu, wird's klaustrophobisch eng. Genau so klingt auch die Musik, die sie dort ausarbeiten.

Es ist Untergrundmusik. Entstanden in einer Souterrain-Gefängniszelle und dem Tageslicht fremd. Dunkel, festgesetzt, paranoid, wütend und beklemmend. Teils lässt sie an Regenwürmer denken, die sich durch Lehm, Wurzelwerk und Pilzgeflecht in die Tiefe bohren – langsame, kaltblütige Musik, die nach Insekten, Moos und faulendem Pflanzenabfall klingt –, teils an geschmolzenes Magma: glühend heiße, schwefelhaltige Lava, die bei einem verheerenden

Vulkanausbruch würdevoll zäh in zischenden Klumpen aus dem Erdkern emporsteigt. Immerzu unruhig, flatterhaft, Wunden leckend und traurig.

Ihre Schöpfer sind drei Männer, die sich einbilden, eine Ahnung davon zu haben, was sie tun, und einer, der keine hat. Er soll ihnen den Weg durch die unterirdische Düsternis zeigen, aber David ist ein Führer ohne Orientierung. Nur wenige seiner Songs sind komplett, alles Weitere beläuft sich auf Fetzen, Flicken und Fragmente ohne Namen – flüchtige Eingebungen, die von den anderen zu Songs mit Substanz und Struktur verfestigt werden müssen. Tony beginnt mit dem Gehör eines Arrangeurs, Ordnung in Davids Chaos zu bringen, und beschreibt die Route anhand bestimmend klarer Basslinien. Mick fügt Konturen, dicke Umrisse und Verästelungen hinzu, Woody nagelt alles fest: Mit seinen harten, kraftvollen und gleichmäßigen Schlägen könnte er Ambosse zum Bersten bringen wie Siegfried das Schwert in der Nibelungensage. Es klingt gedrungener und dramatischer als alles, was David allein hätte schaffen können, doch nun liegt es an ihm, die Richtung vorzugeben. Weil er sich aber ziert, das Ruder zu übernehmen, wird die Musik von ihrem eigenen Gewicht in die Tiefen der Hölle gerissen.

Es ist ein Wettlauf mit der Zeit. Sie haben ein knappes Budget und einen straffen Aufnahmeplan für Davids nächstes Album. In der Presse tönte er, es würde größtenteils akustisch ausfallen, doch als ihn Tony dazu bewegt, in einem anderen Studio mit der Arbeit anzufangen – dem Advision, das sich von der BBC aus um die Ecke im Modeviertel Marylebone befindet –, liegen lediglich diese brachialen Sounds aus dem Keller von Haddon Hall vor. Ursache und Wirkung verketten sich auf unglückliche Weise: Krasse Musik regt krasse Texte an und wird dadurch noch krasser. David lässt sich nicht in die Karten schauen, weil er wohl blufft, wie Tony vermutet. Den meisten Stücke fehlen noch Lyrics und somit auch Titel. Er findet das sehr untypisch für David, obwohl sich dieser ja ganz allgemein verändert hat. David kommt nicht mehr als Troubadour mit zwölfsaitiger Klampfe, fertigen Texten und Liedern an, die er seinen

Helfern von Anfang bis Ende vorspielt, damit sie einsteigen und ihm folgen; er ist zerstreut und abgelenkt. Ein Haufen nicht zusammenpassender Puzzleteile, auf die sich andere einen Reim machen sollen, vager Einfälle, launenhaftester Launen und Arbeitstitel, die Arbeitstitel bleiben, selbst wenn es nichts mehr zu bearbeiten gibt. Nach Cannabis riechende Trägheit, Arm in Arm mit Angie, Einkaufstüten und Antiquitäten, Gerede über ihre sagenhaften Funde in liebestoller Umnachtung und *Dutzi-butzi-Davie-Angie-böser-Onkel-Tony*-Babysprache. Ein Un-David, der sich in alles vertieft außer Musik.

Das Gestern, das unentrinnbar ist wie eine Haftstrafe ohne Bewährung, zieht ihn ins Talk of the Town am Rande des Leicester Square, wo die Gewinner der Ivor Novello Awards Bronzestatuetten von Euterpe erhalten, der griechischen Muse der Tonkunst. Zur Jury für die diesjährigen Pop-Oscars gehören die DJs Pete Murray und David Jacobs, Sängerin Anita Harris aus *David Nixon's Magic Box* auf ITV, *NME*-Nachrichtenredakteur Derek Johnson und Songwriter Lionel Bart. Ein Mitglied ist ein homosexueller Alkoholiker und vergnügt sich unter anderem gelegentlich mit dem heutigen Empfänger der Auszeichnung für Originalität, David Bowie.

Eine merkwürdige Welt der Smokings und Leibbinden, Gewänder mit Kragen und Diamanten, Matt Monro und Roger Whittaker, Klebrigkeit und Frömmigkeit. Frankie Vaughan lässt sich von den Daughters of the Cross begleiten, als er das Hippodrome und den Himmel mit „Peace Brother Peace" belästigt. An einem Tisch springt eine Frau auf, ruft „Was ist mit Kambodscha?" und wird unversehens aus dem Gebäude geschleift. Es ist ein Abend voller hässlicher Gegensätze, an dem eine Lobpreisung des Herrn durch Dana auf den Höhepunkt einstimmt: Ginger Baker's Air Force mit einer Viertelstunde Holterdiepolter. Die Schlipsträger stecken sich die Finger in die Ohren und wedeln mit Taschentüchern, als würden sie kapitulieren; auf dem Olymp tut Euterpe dies tatsächlich.

Irgendwo zwischen Kacke und Kakophonie taucht David auf, ein armer verirrter Wanderer im hochherrschaftlichen Raum, der sich an seiner Akustikgitarre festklammert. Er trägt das dunkle Seidenhemd mit Blumenmuster, in dem er Angie geheiratet hat und dessen Farbe sich mit dem Rosa seiner Hose beißt. Er muss live singen, begleitet von Les Reed und seinem Orchester, die versuchen, dem Publikum „Space Oddity" darzubieten, den Song, für den er ausgezeichnet werden soll. Aber der Stylofon-Sound ist ein Pantomimen-Furz und das Solo ein Treppenwitz, der David ins Stolpern bringt. Das Pathos des Songs knallt auseinander und „Space Oddity" stürzt im Wrack von „Kumbaya" samt Disney-Streichern zu Boden. All diese über-zogenen Selbstbeleidigungen werden live per Satellit nach Amerika übertragen, wo es Nachmittag in Los Angeles und Teatime in New York ist.

Dafür, dass er den Ärger auf sich genommen hat, bekommt er nicht einmal eine richtige Trophäe. Seine Auszeichnung ist wort-wörtlich genau das: ein Wisch, der David Bowie darüber in Kenntnis setzt, dass er sich der vielbeachteten Meinung der Sängerin aus *David Nixon's Magic Box* zufolge für „originell" halten darf.

Eine originelle Katastrophe. Vor der Südküste ist ein Militärflug-zeug mit drei Atomsprengköpfen an Bord abgestürzt. Zwei versinken, einen spült das Meer an eine Anlegestelle, wo der Besitzer einer Spiel-halle ihn für eine alte Kriegsmine hält und ausschlachten möchte. Erst als er Symptome einer Strahlenvergiftung an den Tag legt, ver-ständigt seine Tochter die Macher von *Doomwatch*.

Das sind verdrießlich aussehende Typen mit tiefen Stirnfalten infolge ihrer ständigen Strapazen im Kampf gegen chemische Kampfstoffe, menschenfressende Ratten und pandemische Viren – ausgenommen Toby Wren, ein dünner Englishman mit hellblauen Augen und schneeweißer Haut, anmutig wie Byron und abgehärmt wie Sherlock Holmes, der tagsüber Forschung treibt und nachts zu einem Anzug tragenden Dandy mit Halstuch wird: angenehm menschlich, doch zugleich außerirdisch unnahbar. Seinetwegen bleiben die Mädchen montagabends länger auf, um dann wonnig davon zu träumen, wie er auf sie herunterschaut mit seinen hellblauen Augen, die strahlen wie in den neuen Werbeanzeigen für Coty-Schminkartikel. *The electric eye.* Toby Wren ist Wimperntusche für die Lenden.

In der heutigen Folge rettet er die Welt, indem er die Bombe am Ufer entschärft, drei Minuten vor … *oh, verdammt!*

„Da ist noch ein Draht!"

Hoch gehen die Bombe, die Anlegestelle und Tony mit seinen anziehenden Augen. Großbritannien nässt sich kreischend ein, und die Suche nach dem Valentino der Seventies ist vorüber.

Feuchte Säcke voller Trauerpost landen in der Sendezentrale.

„Dass Tränen die Tinte verschmiert haben, daran seid Ihr schuld. Die BBC hat keine Seele."

Toby Wren ist tot, obgleich Darsteller Robert Powell noch lebt, doch das ändert nichts daran, dass Teenagern von Bolton bis Bournemouth die Coty-Mascara an den Wangen herabrinnt. Der Kerl hat die Kids fertiggemacht, weshalb Poster von ihm jetzt wie Kruzifixe über ihren Betten hängen.

Märtyrertum gehört zum neuen Rock 'n' Roll der 1970er-Jahre.

Auf dem Bild fehlt der Name über dem Titel. Die Platte ist so gut wie fertig, aber David bleibt als ihr Star ein Phantom. Ohne ihn stößt Tony irgendwann an seine Grenzen. Alle Tracks sind präsentierbar. Davids zusammenhanglose Ideen wurden sortiert und bereinigt, haben Rahmen und Aufhänger erhalten, Form und Volumen für ihre weichen Körper, mehr Gewicht für die Refrains statt für die Strophen. Verwunschene Flöten und Mondfahrt-Moogs erweitern die Klangfarbenpalette, eine flammende Les Paul aus Hull hat die schwachen Glieder fest verschweißt. Wenn Mick nicht spielt, lernt er weiter. Tony bringt ihm bei, wie man notiert, was man im Kopf hört, damit er dazu übergehen kann, selbst Arrangements zu schreiben.

Der Gitarrist verinnerlicht das Mischpult, als sei es das Perioden-system der Elemente, behält sich Reihe für Reihe jeden Dreh- und Schieberegler, jede Taste und die Art, wie sie betätigt werden, wenn Tony einen Zaubertrick vollführt.

Kreuzt David auf, ist er primadonnenhaft pingelig. Alles muss exakt seinen Vorstellungen entsprechen. Tony, Mick und Woody las-sen es sich gefallen; das bedeutet, dass er in die Spur kommen muss, was „Cyclops", „Black Country Rock", „The Man Who Sold the World" und andere Lieder betrifft, die noch Texte brauchen. Der Titel „Black Country Rock" ergibt sich, weil ihm eben nichts anderes einfällt, als das Black Country meckernd wie eine krätzige Ziege im Desinfektionsbad zu besingen, wobei er unschwer erkennbar Marc nachäfft. Die Anwesenden begreifen nicht, warum er das tut, und sind auch nicht sonderlich erbaut davon. „The Man Who Sold the World" wird zu „Saviour Machine" und reißt die Narben alter Wun-den auf, denn die Melodie gehört zu einem Teil seiner Vergangenheit, den er immer noch zu vergessen sucht: jener Zeit, in der er und Her-mione – oh Gott, Herr-mie-oh-neh – lieblich ihr „Ching-a-Long-" tiriliert haben. Am allerletzten Tag des Mix stellt er schließlich den Text für ein weiteres aufgegebenes Instrumentalstück fertig, in dem zu Micks an allen Ecken und Enden Yardbirds-mäßig seufzender Gitarre eine Ratsche schnarrt. Indem er tief in sich geht, entdeckt er etwas, das er zuerst für ein hohles Abbild seiner selbst hält, bis ihm dämmert, dass dieses ausdruckslose Schrecknis tatsächlich sein wahres Ich sein und er all die Jahre in Wirklichkeit als dessen hohles Abbild verlebt haben könnte. Seine Beschreibung passt zur Musik, und alle sind erleichtert, weil das Album somit vollständig ist. Nie fühlt sich jemand veranlasst, ihn zu fragen, ob mit ihm alles okay sei.

Und selbst wenn: Wie sollte dieses hohle Abbild antworten?

VIERZEHN

Neue Stars für 1970. Aus Kalifornien Norman Greenbaum, der als sich selbst versorgender Hippie mit zwei Pferden, Schoßhund, Papagei, Ziegen, Hühnern und mehreren Katzen auf einem Bauernhof lebt. Er züchtet seine eigenen Gurken und hat ein Lied über eine Aubergine geschrieben, von der Chicago verschlungen wird. Es war kein Hit im Gegensatz zu „Spirit in the Sky", womit er Jesus lobpreist und zwei Wochen lang die Nummer 1 bleibt. Der Sohn jüdischer Einwanderer behauptet, eigentlich nicht religiös „auf die kirchliche Art" zu sein, sondern „im Sinne eines Lebensstils, was Ernährung und Denkweise angeht".

Von Frankreich aus setzt sich der 37-jährige Hausfrauenschwarm Sacha Distel in den britischen Charts gegen konkurrierende Fassungen von „Raindrops Keep Falling On My Head" durch, was ihm in *19* die umwerfende Überschrift „Sacha the Smasher" einbringt und eine Nennung im *Mirabelle*-Lückenquiz, wo sein Name hieraus erraten werden muss:

$$S \_\_ H \_ \ \_ I \_ T E \_$$

Leonard Cohen aus Kanada, der Inbegriff des Balladensängers, hat genug Che-Guevara-Poster von Wänden in Studentenbuden rutschen lassen, um zwei Abende hintereinander in einer ausverkauften Albert Hall aufzutreten. Er freut sich weder über das eine noch das andere und tut fassungslos, weil nach Konzerten immer noch junge Frauen vor seinem Hotelzimmer ausharren. „Ich will sie nicht", seufzt Len, „doch manchmal geht mein Körper mit mir durch, und ich schlafe mit ihnen. Dabei bin ich aber nicht ich selbst – es ist mein Körper." Und weiter geht seine Tour, auf der er vollkommene Körper mit seinem Geist berührt oder ohne ihn besinnungslos vögelt.

In einer Stube in Hampstead hat das Magazin *Jackie* auf seiner Suche nach „den Schönen" einen „großen, sanftmütigen, bescheidenen und total schüchternen" Zeitgenossen namens Nick Drake gefunden. Die bislang zwei Alben des Mannes, der anscheinend zu schüchtern ist, um Popstar zu werden, hat ungefähr niemand gekauft. „Ich kann nicht erklären, wovon meine Songs handeln", sondert er mit der beruhigenden Gewissheit ab, nie wieder mit der Zeitschrift zu tun zu bekommen.

Für Edison Lighthouse wird es immer schlimmer: Bei dem Versuch, ohne Tony Burrows zu touren, der ihren einzigen Hit im Studio gesungen hat, werden sie während eines Auftritts in Glasgow niedergemacht. Nachdem sie eine unhaltbare Lüge gelebt hat, trägt die Gruppe die Konsequenzen und bucht eine Suite im Hotel der Pop-Vergessenen. Der wandlungsfähige Sänger kehrt dann als eine Hälfte des Verbrecherduos The Pipkins zurück, das für den Hirntoten-Ragtime „Gimme Dat Ding" verantwortlich ist. „Es handelt von einem Metronom, das seinen Klick verloren hat", sagt er in Radio Luxemburgs *Fabulous 208*. Die Single erreicht den sechsten Platz der Charts in einem Land, das die tägliche Angstmache um „STREITSUCHER" und „PAKI-PRÜGLER" dermaßen leid ist, dass es das Betäubungsmittel *The Black and White Minstrel Show* zur Samstagnacht dankbar schluckt. Man lebt in finsteren Zeiten.

„Sind Gesichter und Namen tatsächlich wichtig?", fragt Mr. Bloe. „Ich glaube nicht. Die Leute kaufen Platten wie ‚Mr. Bloe', weil ihnen der Radau gefällt."

„Groovin' With Mr. Bloe" macht deutlich besseren Radau als „Gimme Dat Ding", obwohl Mr. Bloe ein genauso unwirkliches Pop-Wesen ist wie The Pipkins. Beinahe wäre es Elton John geworden, doch der wurde in letzter Minute von Pianist Zack Laurence an den Tasten abgelöst. Das Lied, ein Cover einer amerikanischen Nummer, lässt den Mundharmonikaspieler Larry Adler in immer enger werdenden Kreisen auf dem Schwingboden der Tanzfläche im Wigam Casino rotieren. Den ersten Rang der Charts verfehlt es zwar knapp, doch in etlichen Jugendclubs, wo es nach Blondiermittel und Woodpecker-Apfelwein riecht, wird „Mr. Bloe" zur neuen Nationalhymne.

Es gibt Stimmen und Gesang, Lieder und Liedermacher im ersten Sommer der Seventies, aber noch keine echten Superstars.

„Das Wort ,super' wird missbräuchlich verwendet", grantelt Prog-Orgelfolterknecht Keith Emerson. „Es traf durchaus auf jemanden wie Elvis Presley zu, den man als Erstes einen Superstar genannt hat, fällt aber mittlerweile ständig – für Spülmittel, für Shampoos, und wer will damit auf einer Stufe stehen?"

Der Postbote drückt auf die Klingel von Apartment 7 in Haddon Hall. Er wartet. Eine Minute vergeht unter auf- und abschwellendem Vogelgezwitscher und dem Brummen vereinzelt vorbeifahrender Autos. Endlich klappert die Tür und geht gerade so weit auf, dass David die Menge Tageslicht abbekommt, die er ertragen kann. Er braucht ein paar Sekunden, bis sich seine Augen daran gewöhnen.

„Mike?" Er zieht die Tür weiter auf. „Komm rein."

Mike folgt ihm ins Haus, zieht seinen Mantel aus und streift sich die Posttasche von der Schulter, während er ins Wohnzimmer geführt wird. Dort läuft der Fernseher ohne Ton. David verschwindet in die Küche und kehrt mit zwei Tassen Kaffee zurück. Mike blättert nun in einer Ausgabe von *Picture Show*, die er vom Boden aufgehoben hat; David besitzt stapelweise alte Filmzeitschriften und -jahrbücher. Cowboys, Säbelrassler, Leinwandhelden und -göttinnen. Auf dem Kaminsims steht ein gerahmtes Porträt von Greta Garbo. Himmlisch. Fremdartig. Unnahbar. Mehr Star geht nicht.

„Wo waren wir stehen geblieben?"

Die beiden greifen ein Gespräch auf, das sie bei ihrem jüngsten Treffen geführt haben. Es fand während Mikes letzter Runde mit Zustellungsversuchen in der Southend Road statt, wobei er David sein Andy-Warhol-Buch borgte, einen Original-Ausstellungskatalog der American Factory. Zuvor hatten sie vermutlich hinten im The Three Turns miteinander gesprochen, als Mike fürs Arts Lab mit Cliff Penge and the SE20s auf die Bühne gestiegen war. Er entwarf auch Plakate für die Kreativschmiede, da er selbst Künstler war. Er zeichnete Comics und schrieb gelegentlich Gedichte, lange bevor er bei der Post anheuerte, und tut beides immer noch. Für den Job entschied er sich bloß in der Annahme, dadurch eine Menge Freizeit zum Zeichnen und Malen zu gewinnen. Allerdings ist sein Gehalt nicht berauschend, und die Nächte haut er sich auf Spätschicht in der Hauptsortierung gegenüber dem Kriegsdenkmal um die Ohren, indem er Säcke schnürt, während sich liederlichere Kollegen die Stunden grunzend mit schmutzigen Einaktern vor einem Projektor verkürzen. So was gibt's in Beckenham – dem Vorort, der niemals schläft, weil er Angst vor dem hat, was er träumen könnte.

Seine Arbeit hat nur einen Vorteil: Wenn Mike die Zustellungsroute am frühen Vormittag zugeteilt bekommt, die ihn auch in die Southend Road führt. Haddon Hall spart er sich stets bis zum Schluss auf, um David und Angie zu besuchen; mitunter sitzen sie plaudernd am Fußende ihres Bettes, umgeben von hastig ausgezogenen Klamotten und den groben Ideenskizzen des Sängers. Das Paar steht auf Mikes Werke, vor allem mögen sie sein Design für ein Arts-Lab-Poster mit explodierendem Kopf und eine Arbeit für seinen Freund Douglas, der gerne eine Frau wäre, weshalb er ihn gebeten hat, ein Bild zu malen, auf dem er als Mann sich selbst als Frau heiratet und beide Figuren Hochzeitskleider tragen. Angie ist so begeistert davon, dass sie ebenfalls fast explodiert wäre.

„Wo wir stehen geblieben waren?"

Mikes Konversation mit David begann vor etwa neun Jahren an der Technischen Fachoberschule für Jungen in Bromley hinter Sträuchern an einer Ecke – der Raucherecke – des Sportplatzes; Mike ging in die vierte Klasse, David in die dritte. Er gehörte zu denjenigen, die sich lieber mit Älteren wie Mike abgaben, und ließ sich von ihm Geschichten über Ken Tapley erzählen.

Der war ein typisches Vorstadtkind wie sie und bekam als Rock-'n'-Roll-Sänger einen Plattenvertrag bei Decca Records, dem Label von Billy Fury und Anthony Newley, das eines Tages auch David unter Vertrag nehmen sollte. Beim Qualmen äußerte sich Mike ausführlicher über Ken: seine Herkunft und Musik sowie alle möglichen Gerüchte über ihn privat, die man nie im *NME, Melody Maker* oder irgendeinem anderen wesentlichen Musikmagazin lesen würde. In erster Linie deshalb, weil Ken Tapley nicht existierte; er war lediglich ein Produkt von Mikes reger Fantasie und flotter Schreibfeder, ein fiktiver Rockstar. David fand das großartig – einfach eine Figur erfinden und über sie sprechen, als sei sie real, sodass die Leute sie vielleicht auch für real halten, obwohl sie bloß aus Gekritzel in einem Übungsheft entstanden ist, ein Pausenhirngespinst von Pennälern mit nikotingelben Fingerspitzen.

Bemerkenswert im Zusammenhang mit der Raucherecke ist auch die Tatsache, dass David seinerzeit gar nicht rauchte. Er lungerte bloß dort herum, wie um den teerhaltigen Qualm zu inhalieren, den Mike und die Player's-Weights-Kippen der anderen Viertklässler erzeugten, wobei er die Jazzplatten eines gewissen Verwandten erwähnte: „Mein Bruder Terry hat die auch."

Terry, Terry, Terry. Immerzu Terry. Er war damals das einzige Gesprächsthema des kleinen David. LPs von Dexter Gordon und Charlie Parker, Bücher von Kerouac und Ginsberg. Terry besaß so viel. David redete für sein Alter erwachsener daher, und wer ihn hörte, verstand genau, welche Beat-Lichtgestalt dahintersteckte.

„Mein Bruder Terry."

Zu jener Zeit war die Erde aber noch nicht aufgerissen und der Himmel in Flammen aufgegangen. Heute erwähnt David Terry selten. Mike weiß nur, dass er im Cane ist, und diese Information reicht ihm, um nicht weiter nachzuhaken; es gibt genug andere Dinge zu diskutieren.

„Bei Anthony Newley, oder?"

Über ihn haben sie sich zuletzt unterhalten; das tut David üblicherweise, sobald er nur halbwegs die Gelegenheit bekommt.

The Strange World of Gurney Slade. Er war 13, als die Serie zunächst samstags um 20.35 Uhr auf Rediffusion lief, bis sie auf einen Sendeplatz zur Schlafenszeit gerückt wurde, und 16, als freitagabends um 22.15 Uhr vor den Spätnachrichten die Wiederholungen kamen. Seitdem ist David Fan.

Das Ticken der Uhr zu Beginn des Titellieds …

In Gurneys Welt gibt es nichts, was es nicht gibt, und sie kann überall sein. In deinen Gedanken, deinem Kopf. Wo Mike einst Ken Tapley fand. Wo jeder sein kann, was er will. Aus diesem Grund gibt es nichts Schöneres als Gurneys Welt.

„Du solltest dir echt mal anhören, was er so komponiert."

Mike findet das witzig: Im Arts Lab hofierte David Journalisten der *International Times* und trug ihnen Lieder von Biff Rose und Jacques Brel vor, traute sich aber nicht, etwas von Newley zu singen, obwohl er in den ersten fünf Jahren seiner musikalischen Laufbahn immer wieder versucht hat, ihn *exakt* nachzuahmen. Das ließ sich direkt darauf zurückführen, dass er das Geheimnis von Gurneys Welt entdeckt hatte, als sein junges Ego noch nicht gefestigt und zu leicht formbar gewesen war. Jetzt ist er in seiner eigenen Fantasie gefangen, darin aber frei, seine Identität nach Belieben zu wechseln, sodass er bisweilen vergisst, wer er wirklich ist. Und wenn das passiert, kann er in Gurneys Welt jederzeit wenigstens Tony Newley sein.

„Fol-da-di!", wie der in „Strawberry Fair" juchzt.

Mike teilt seine Begeisterung für *The Strange World of Gurney Slade* und die Elvis-Verarsche *Idol on Parade*, die Großbritanniens aussichtslose Rock 'n' Roller als Armeerekruten durch den Kakao zieht – mit Newley als Hauptfigur Jeep Jackson, ein weißes Boogie-Bübchen und Ken Tapley nicht unähnlich. Er räumt jedoch ein, nur die Singles des Schauspielers zu kennen, frühe Hits wie „Why?" oder „Pop Goes the Weasel".

Sein Bekehrungseifer nötigt David zum Niederknien und Durchsuchen seiner Plattensammlung. Als er wieder aufsteht, hält er drei seiner geschätzten Newley-LPs hoch.

„Hier", sagt er und reicht sie Mike. „Ich leih sie dir, wenn du willst."

Mike nimmt sie und legt sie auf seinen Schoß, um sich jeweils die Vorder- und Rückseiten der Hüllen anzuschauen.

The Genius of Anthony Newley. Schwarz, impressionistisch, ernst. „Hin und wieder tritt ein großer Künstler in Erscheinung – ein Künstler, dessen Talent ihn für immer unvergessen macht." Autsch.

In My Solitude. Weiß, minimalistisch, existenzialistisch. „Wenn Anthony Newley singt, muss man innehalten und zuhören." Die Songtitel bestehen aus Wörtern wie „Regen", „Tränen" und „Unzufriedenheit". Sieht sehr düster aus.

Peak Performances. Kein Beschreibungstext. Einige Stücke sind Mike ein Begriff – „Why?", „Weasel" und „Strawberry" eben, die Hits und mehr.

„Tolles Cover", bemerkt David.

Darauf sitzt der Star geschminkt mit schwarzem Trikot wie Littlechap im Musical *Stop the World* vor einem Garderobenspiegel und berührt das Glas mit dem rechten Zeigefinger, was an Michelangelos *Erschaffung Adams* denken lässt. Im Spiegel ist er ungeschminkt mit Jackett, Hemd und Krawatte zu sehen, auf der Rückseite wurde der Spieß umgedreht: Newley in Alltagsklamotten schaut auf Newley den Clown. Wer ist echt, wer fiktiv? Wo hört die Wirklichkeit auf, wo beginnt Gurneys Welt? Wer gibt vor, was zu sein?

„Ja", erwidert Mike. „Stimmt."

Er nimmt die Alben mit und hört zu Hause in Penge fünf Wochen lang, wenn er sich nicht gerade auf Schicht für die Post auszehrt, schwermütige Worte über Liebe und Leid zu schmachtenden Streichern und galanten Glissandi, deren Sänger spürbar in Hörweite der Glocken von St Mary-le-Bow aufgewachsen ist. Cockney-Opern voller verdrehter Vokale und theatralischem „Auauauau!"-Geheul. Jetzt ergibt alles Sinn für Mike. Als er das Cover von *Peak Performances* wieder betrachtet, sieht er Tony mit der Hand am Spiegel – Finger an Finger –, und entgegen blickt ihm David; auf der Rückseite berührt David das Glas – Finger an Finger –, und Tony wird gespiegelt. Mike lacht und das Lachen gefriert ihm gleich wieder, als er sich selbst in seinem Schlafzimmerspiegel sieht.

Mit der Newley-LP in der Hand und dem erschrockenen Gesicht von Ken Tapley.

Die Geister der Ankleidepuppen hören die Fahrstuhlklingel und beobachten unbemerkt, wie die Tür aufgeht und zwei dünne, strubbelige Gestalten herauskommen. Eine dürfte männlich sein, die andere weiblich, eventuell auch umgekehrt. Ein Schild mit der Aufschrift „Gem Productions" bestätigt David und Angie, dass sie am rechten Ort sind. Sie werden von der attraktiven Rezeptionistin Jan empfangen, die immer nur Hotpants zu tragen scheint und sie durchs Vorzimmer zu einem Büro führt, in dem ein untersetzter Mann mit funkelnden Augen, gleichmäßiger Hautbräune und Musketier-Schnauzer darum bittet, dass sie es sich bequem machen. Das ist Laurence Myers.

Sie sind einander bereits im Talk of the Town begegnet, am Abend der Novello-Preisverleihung. Der Anlass war rein gesellschaftlicher Art, nun geht es um geschäftliche Angelegenheiten. Defries' Angelegenheiten. Er selbst ist nicht da, doch seinetwegen ist das Paar hergekommen. Er möchte, dass David und Laurence sich mögen, was David zuliebe bedeutet, dass sich auch Angie und Laurence mögen müssen. Falls sich die drei blendend verstehen sollten, hat sich Defries' sorgfältige strategische Vorarbeit gelohnt. Aber nur falls.

Nach Kens Entlassung bietet sich Defries als Davids neuer Manager an. Der Haken: Das funktioniert einzig unter der Voraussetzung, dass er die Kanzlei verlässt und bei einem bestehenden Managementunternehmen wie Gem anfängt. Deshalb macht er Laurence das verwegene Angebot, David als Künstler zur Firma zu lotsen und im Gegenzug als Partner hinzugezogen zu werden. Auf diese Weise bekommt David einen neuen Betreuer und die Geldmittel einer etablierten Produktionsstätte. Defries darf Bowie vertreten, verdient ein Grundgehalt und wird zu 20 Prozent an Gem beteiligt, Laurence bekommt David als neuen Künstler, Defries als neuen Mitarbeiter und betriebsinternen Rechtsexperten zugleich. Laurence erklärt sich einverstanden – theoretisch. *Falls* alles glattgeht.

David und Angie sind hier, um das herauszufinden. Laurence sagt David, er liebe „Space Oddity" und halte ihn für einen guten Songwriter. Für ihn kommt es im Pop nur auf den Song an, nicht die Interpreten. Finde das richtige Lied und die richtige Stimme, steck sie in ein Studio und sieh zu, dass das Radio darauf anspringt, dann erledigt die Öffentlichkeit den Rest. So ticken Mike Leander und Tony Macaulay, und so tickt auch Laurence. Er begreift David als Schreiber, nicht als Star, und erkennt nichts, was diese Meinung ändern könnte, während er ihn über seinen Schreibtisch hinweg mustert. Seine Kleidung ist schlabbrig, er hat fettige Haut sieht mit seinen schulterlangen Haaren wie eine unausgeschlafene Frau aus. Angie und er könnten Schwester und Bruder, Schwester und Schwester oder zwei sehr zarte Brüder sein. Kaum auseinanderzuhalten, abgesehen von ihrer Lautstärke: David, die sanft säuselnde Flöte, Angie die donnernde Pauke.

Er lehnt sich nach vorne und nimmt ein Schild vom Tisch.

WIR LIEBEN DIE KUNST; DIE KOHLE BRAUCHEN WIR ZUM SCHEISSEN.

Daraufhin Gelächter, und Zähne blitzen im Sonnenlicht auf, das wie eine Halskette aus Fliesensplittern zwischen den Vorhängen einfällt.

„Das gefällt mir, werd ich mir merken."

David macht es Laurence einfach, als dieser den Vertrag aufsetzt, auch wenn er sich dessen gar nicht bewusst ist.

„Wissen Sie was? Sie erinnern mich stark an Tony Newley."

David bleibt die Spucke weg.

„*Wirklich?*"

Das finde er interessant, fährt er errötend fort, denn Newley sei sein absoluter Held. Das meinte er auch letzten Monat in *Mirabelle*. „Welche berühmten Personen würdest du gerne kennenlernen?", fragte das Heft. „Anthony Newley, ich bewundere ihn seit vielen Jahren", entgegnete David. Cliff Richard nannte im gleichen Kontext Doris Day.

„Oh, ich *vergöttere* Newley", bekräftigt Laurence.

Und David schmilzt dahin.

Laurence erzählt, Newley sei der Künstler, den er vor allen anderen am liebsten managen würde. Genau genommen sei er so versessen auf ihn, dass er sich *Stop the World* dreimal im Queen's Theatre angesehen habe. Richtig, David. *Drei*mal.

Die Welt anhalten – das will er auch. Angie drückt sein Knie und nickt.

Fol-da-di!

„Wo soll ich unterschreiben?"

Harold Wilson nennt das Datum! Die erste allgemeine Wahl, bei der 18-Jährige ihr Kreuzchen machen dürfen. *Disc* befragt die neuen Wahlberechtigten im Land nach ihrem Wunschkandidaten für das Amt des Premierministers. Topfavorit ist John Lennon, Zweiter Cliff, und Dritter Jimmy Savile, da er „es wirklich ernst meint und sich stärker für die Leute einsetzt als alle Politiker zusammen", behauptet Sheila aus Merseyside. Mehr als 80 Prozent der Kids lehnen einen Hippie an der Macht ab. Die Erwachsenen tun das auch.

„Was glauben Sie überhaupt, was das hier ist?", wütet Enoch Powell bei einem Wahlauftritt in Wolverhampton. „Ein Wettkampf zwischen einem Mann mit einer Pfeife und einem Mann mit einem Boot?"

„Ja", erwidert das Volk, das am entscheidenden Tag den Konservativen mit dem Boot wählen wird, Ted Heath. Wilson, der Labour-Mann mit der Pfeife, wird beim Verlassen von Downing Street 10 durch den Lieferanteneingang fotografiert.

Die *Sun* in der Fleet Street steht hinter der Verlierermannschaft, gewinnt aber ihrerseits den Auflagenkrieg mit „GIRLS, DIE HEUTE UNSERE STIMME ERHALTEN", allen voran Sexbombe Caroline Munro aus der Reklame für Lamb's Rum. In Wolverhampton verdoppelt Enoch seinen Vorsprung. In Whitehall gibt Heath Margaret Thatcher ihren ersten Kabinettsposten als Bildungsministerin. Mungo Jerrys „In the Summertime" steht auf dem ersten Platz der Charts.

Ernste und picklige Progressive-Rockfans bemängeln, das Stück klinge wie ein aus den '50ern übrig gebliebener Skiffle. Der Reiz der heiter torkelnden Jug-Band-Nummer könnte darin bestehen, dass sie sich gegen ernste, picklige Progressive-Rockfans richtet. Sie wird zur bestverkauften Single des Jahres und bereitet Marc Bolan berechtigte Sorgen, denn im Gemecker von Mungo-Sänger Ray Dorset erkennt er entweder eine aufrichtige Huldigung oder aber einen ausgemachten Identitätsklau. Kronzeugin im Strafverfahren: eine Rezension in *Music Now*. „Mr. Dorsets Gesang klingt fast nach Tyrannosaurus Rex." Die Geschworenen beraten sich noch.

In Bromley haben David und Band eine neue Single zu promoten. Sie versuchen vor 300 Wochenendhippies, Skinheads und neugierigen Eltern in Shortlands den Geist von „Memory of a Free Festival" heraufzubeschwören. Nachdem er den Namen Hype aufgegeben hat, sollen Mick, Tony und Woody unter dem Banner Harry the Butcher firmieren. Nicht weit vor der Bühne bricht eine Schlägerei aus, doch die Musiker machen weiter. Der Lokalpresse zufolge sind sie die Abräumer des Abends. Wäre Bromley bloß das Gewissen der Welt …

„Weiß Gott, was David sich bei diesem weitschweifigen, eintönigen Unsinn gedacht hat."

Dieses Urteil des *Melody Maker* teilen alle außer *Disc*, wo gleich zwei Schreiberlinge den Gig besprechen. „Wunderbar", freut sich Davids getreue Ministrantin Penny Valentine, und der lebenslustige Tony Blackburn fügt hinzu: „Sehr gute Arrangements und Vocals." Mit einem *Wauwau* von Arnold.

Das Label überzieht sein Werbebudget vergeblich mit mehreren Zeitschriftenanzeigen.

DAVID BOWIES „MEMORY OF A FREE FESTIVAL"
IST EINE UNVERGESSLICHE SINGLE

Anzeigen, die alles andere als „unvergesslich" sind. Innerhalb einer Woche sind die Hoffnungen auf die Charts zerschlagen und die „Erinnerungen" verloren.

Die wandelnden Toten haben kein Gedächtnis. Sie schlurfen trist herum wie verwunschene Lehmfiguren mit Augen gleich kaputten Glühbirnen, deren Drähte schwach aufglimmen, wenn sie die Fremden in ihrer Mitte zur Kenntnis nehmen. Besucher aus einer Welt, die sie hinter sich gelassen haben. Mütter, Väter, Schwestern, Brüder, Söhne, Töchter, Freunde und Geliebte, die gekommen sind, um zu sehen, was von ihnen übrig ist: Personentrümmer, die noch nicht von geistiger Batteriesäure auf Rezept zersetzt wurden. Erkennbar nur noch Ruinen dessen, was einmal stand und sprach und lebte und lachte, ehe ein vernichtender Bombenteppich Largactil darüber niederging. Bringt ihnen Bücher, Zeitschriften und belegte Brote, damit ihr herausfindet, was noch in der Asche des verlorenen Individuums schwelt.

Für einige ist der Schaden unerträglich. Ihnen stehen Massaker an Unschuldigen in einem Krieg vor Augen, der keine derart schweren Geschütze erfordert. Unter den Tisch gekehrter Dreck einer abgefuckten Gesellschaft – nennt man sie deshalb nicht auch *Matsch*birnen? Menschlicher Abraum. Man kann sie nicht mehr als Beelzebubs Kinder auf Scheiterhaufen verbrennen, also werden sie weggesperrt: aus den Augen, aus dem Sinn. Unruhig, verstopft, unfruchtbar und lustlos mit zu viel Muttermilch, Menstruations- oder Erektionsstörungen und Männerbrust, Schwindelgefühlen, Blutarmut, Brech-, Zitter- und Krampfanfällen, Arrhythmie und Halluzinationen. *„Ich beruhige gestörte Seelen."* Es gibt keine andere Möglichkeit. Außer der *anderen* Möglichkeit.

Antipsychiatrie. Ein Urschrei inmitten des Kanons der Sixties-Gegenkultur. Benannt durch den südafrikanischen Existenzialisten und Marxisten David Cooper und mitbegründet von dem Acid schluckenden Glasgower Psychiater R. D. Laing. 1967 ein Raunen beim internationalen Kongress zur Dialektik der Befreiung im Roundhouse angesichts der Beat-Größen Ginsberg und Burroughs. Geprägt von der revolutionären Antiuniversität, die 1968 in Shoreditch entstand. Sie räumt mit allen vorgefassten Meinungen darüber auf, wer oder was und wo wir sind. Entzaubert die gesamte Welt, so wie wir sie „kennen". Laing meidet sogar den Begriff „Schizophrenie", obwohl er weiß, dass er ihn verwenden muss, „weil so viele ihn benutzen." Er beharrt darauf, Schizophrenie dürfe nicht anhand unserer „gesunden" Wahrnehmung beurteilt werden. Die Gesellschaft mag selbst biologisch gestört sein, also könnten bestimmte Formen schizophrener Entfremdung von der entfremdeten Gesellschaft eine noch unbekannte soziobiologische Funktion haben.

Deswegen empfiehlt die Antipsychiatrie einfühlsame Behandlungen anstelle medikamentöser Lähmung. Sie akzeptiert „Schizophrenie" nicht als biochemische, neurophysiologische, psychologische Tatsache, denn dies sei angesichts der gegenwärtigen Beweislage ein offensichtlicher Fehler. Man leugnet ihre Existenz, lehnt sie auch als Hypothese ab und arbeitet kein Modell für sie aus. Der Kaptialismus, so heißt es, stelle schlichtweg Profit vor Mensch und Arzneimittel vor Therapie; solange sich daran nichts ändere, lasse sich „Schizophrenie" nicht heilen.

Ronalds Mama hält Antipsychiatrie für die Lösung. Er ist ein Freund von Mike und noch nicht lange von der entfremdeten Gesellschaft entfremdet: als schizophren abgestempelt, ins Cane gesteckt und mit der Chemiekeule geschlagen. Nachdem die Mutter Laing geschrieben hat, ist er bereit, ihr im Kampf für ihren Sohn zu helfen. Auch Douglas' Mama macht sich Sorgen – Douglas, Mikes anderer Freund, der eine Frau sein möchte. Sie findet, falls es ihren Sohn glücklich macht, ihre Tochter zu werden, sei nichts gegen eine Geschlechtsumwandlung auszusetzen. Sein Psychiater sagt ihr, dass Douglas verrückt sei.

Hinter den Netzvorhängen im suburbanen Shortlands wird eine Meuterei in der Anstalt geplant. Ronalds Mutter hat eine öffentliche Versammlung in ihrem Wohnzimmer organisiert, um über bessere Pflege und Behandlungsmethoden für Patienten zu diskutieren. Sie richtet sich an andere Angehörige der Verdammten von Coulsdon und hofft auf Unterstützung im Vorgehen gegen die Verwaltung des Cane. Mike ist als Freund von Ronald und Douglas gekommen.

Er kennt so gut wie niemanden hier, genau genommen nur eine Person. Sie zu sehen überrascht ihn einen Augenblick lang, dann fällt es ihm ein.

„Mein Bruder …“

Hier im Wohnzimmer von Ronalds Mama sitzt mit interessierter Miene gespannt lauschend David.

FÜNFZEHN

Fünf Jahre. Mehr gibt sich Marc nicht. Er hat einen faustischen Pakt mit sich selbst geschlossen. Nur fünf Jahre, um dieses Ding zum Laufen zu bringen. Von heute an – dem Tag, an dem er den Namen seiner Band zu einem schlichteren „T. Rex" verkürzt hat – fünf Jahre. Und falls er unzufrieden ist, wenn sie verstrichen sind – falls er versagt hat –, wird er sich einfach mit dem Umstand abfinden müssen, dass er nicht ins 20. Jahrhundert passt.

„Dann ziehe ich aufs Land", beschließt er, „um meinen Geist zu erforschen."

Die fünfjährige Frist beginnt am 1. Juli. Es ist ein Mittwoch im Sommer in Soho, und Mark hat sich wieder im Trident eingefunden, um die Arbeit an seinem fünften Album mit Tony zu beginnen – dem ersten als T. Rex mit seinem neuen Taktgeber Mickey, dessen Händen die strafften Mieder nachgeben. Für Tony ist es die erste Session mit Marc seit seiner jüngsten mit David. In der Zwischenzeit hat sich vieles geändert. Er wohnt nicht mehr in Haddon Hall; um Frieden, Ruhe und keinen seelischen Knacks zu bekommen, ist er kürzlich mit Liz in eine Bude in der Nähe in Penge gezogen. Wenngleich er sich noch regelmäßig mit David trifft, könnte seine Freude darüber, Marc zu sehen, kaum größer sein. Ihn muss man nämlich nie antreiben. Es gibt nichts Unklares oder Halbfertiges, das nach einer Alternativlösung schreit, denn Marc kommt zu keiner Gelegenheit mit leeren Händen. Er hat immer einen Song oder Groove, ein Riff oder Gedicht, und selbst wenn nicht, wird irgendeine tanzbare Räuberpistole oder ein schillerndes Lick aus dem Hut gezaubert, das schnittig ist wie eine Thunderbird-Heckflosse und ihn in der Überzeugung bestätigt, ein von Gott inspiriertes Genie zu sein. Marcs Ego sprüht stets Funken; Tonys Aufgabe besteht bloß darin, ein atmosphärisches Inferno damit zu entfachen.

Auch heute bringt Marc einen Funken mit. Er schrieb ihn gestern in seiner Wohnung in Blenheim Crescent, nachdem er den Nachmittag Trübsal blasend vertändelt hatte und June auf die Nerven gefallen war. Sie ermahnte ihn, sich einen Ruck zu geben und nach nebenan zu gehen, um etwas zu komponieren. Das tat er dann und ließ es ganz auf sich beruhen, bis heute Morgen. Er hat es June vorgespielt, und sie findet es „mordsmäßig". Dem kann er nur zustimmen. Das ist typisch Marc. Die Räuberpistole: Steinkreise. Das Lick: Ford Powerglide-Automatik. Tony braucht keine Probefahrt fürs Tuning und Arrangieren. Einfach das Band laufen lassen, und Feuer frei. Unten im Aufnahmeraum steht Marc mit umgehängter, angeschlossener Gitarre und Plektrum fertig vor seinem eingestellten, aufgedrehten Verstärker; Mickey wirft seine Haare zurück, weil sie ihm in die Augen hängen, und schüttelt ein Tamburin. Oben im Abhörraum überprüft Tony die Pegel.

„Wie heißt das Ding, Marc?"

„‚Ride a White Swan'. Nennen wir es vorläufig ‚White Swan'."

„Okay. ‚White Swan', Take eins …"

Wumm!

Mit einer flinken Handbewegung setzt Marc die Luft in Brand. Ein aus der Vergangenheit in die Gegenwart gezerrter Sound für eine aufregende Zukunft, sei es ein Carl Perkins im 25. Jahrhundert, eine Sun-Single von Buck Rogers and the Tennessee Three oder etwas aus einem beliebigen anderen Zeitloch dazwischen. In jedem Fall ist es Rock 'n' Roll, wiedergeboren in den 1970ern und für diese gemacht. Kein Revival, sondern grundlegend neu – als ob Elvis, Buddy, Gene, Eddie, Bo, Chuck, Jerry Lee und Richard nicht früher da gewesen wären, als hätte bis zu dieser Stunde in einem Keller in Soho kein „Roll-Over-Be-Bop-A-Blue-Suede-Bam-Boom-Boogie" eine Jukebox zum Wackeln gebracht. *One, two, three o'clock, four o'clock Marc.* Der gleiche jugendliche Überschwang aus Sex, Fantasterei und Weltflucht in Stimme, Gitarre und Rhythmik, die gleichen Worte über Liebe und Magie als Schwank aus Artus' Tafelrunde über Druiden, Sonnenstrahlen und Sterne an Stirnen, die „da-da-di" zu einem federnden Roboter-Rockabilly machen.

„Ride a White Swan" blendet mit dem Geglitzer unfassbar vertrauter Raubbeute: Songs wie „Peggy Sue" oder „Hello Mary Lou", Schätze von Scotty Moores und James Burtons Kreuzzügen auf den Spuren von Presley und Nelson. Genau so jedoch, wie sie von den Leadbellies, Blind Willies, Tee-Tots und Shake Rags geklaut haben, weiß auch Marc als ihr Musterschüler, dass Diebstahl nur die halbe Miete ist, wenn man originell sein will. Während die Musik so zusammengeklaubt wurde, entspricht der Text noch eher dem bekannten Bolan, der sich über Babys, Zaubersprüche und Katzen ergeht, weil er als Fernsehjunkie auf *Catweazle* steht. Seine neue Lieblingsserie handelt von einem Zauberer im 11. Jahrhundert, der sich versehentlich ins Jahr 1970 hext. Ungefähr so, wie „Ride a White Swan" klingt. Altertümlicher Hokuspokus, der zu einem neuzeitlichen Wunder wird.

Sie sind in weniger als drei Minuten mit dem Stück durch. Marc hört Tony durch die Gegensprechanlage. „Also, der Sound ist im Kasten. Ich hab ihn mit dem Bandecho erzeugt, um sicherzugehen, dass es gut klingt."

„Danke, Mann", erwidert Marc. „Ich will diesen Sound, weißt du?"

„Du meinst, mit dem Bandecho?"

Ja, er will ihn mit dem Bandecho. Ein einfacher Song, aufgenommen mit einem Catweazle-Trick aus der Steckdose, aber das Größte, was den Siebzigern bisher passiert ist oder sogar bis zuletzt passieren *wird*. Hier in einem Studioraum unter St Anne's Court am 1. Juli 1970. Historiker, lasst eure Gedenktafeln gravieren – und seht zu, dass die Daten korrekt sind. An diesem Tag und Ort nämlich hat Marc Bolan, niemand anders, den Glam Rock erfunden.

Aufruhr in der Sendeanstalt. Schriftliche Eingaben von höchster Ebene verlangen die sofortige Absetzung der Samstagmorgenshow von Kenny Everett auf Radio 1. Zwischen seinen Standard-Blödeleien mit seinem „Butler" Crisp und einer nymphomanen Oma hat er das Renommee der BBC beschmutzt und sich erdreistet, Mary Peyton zu beleidigen, die Ehefrau des neuen Verkehrsministers John Peyton. In Bezug auf eine Nachrichtenmeldung zu ihrer bestandenen Führerscheinprüfung ätzte Kenny, sie sei nur deshalb nicht durchgefallen, weil sie den Prüfer mit einem Fünfer bestochen habe. Das geschieht in derselben Woche wie der Abdruck eines Interviews mit ihm im *Melody Maker*, wo er Radio 1 als „echt ekelhaft" bezeichnet. Der beiläufige Affront gegen Mrs. Peyton – Oberschicht, Brigadegeneraltochter, der Gatte ein Eton-College-Absolvent – ist der Tropfen, der das Fass zum Überlaufen bringt. Kenny muss weg.

Mit 45 Pfund pro Woche weniger in der Tasche hat er in der Kellerwohnung in Holland Park, wo Feuchtigkeit aufsteigt, immer noch genug zu tun, um sein Acid-getränktes Gehirn auf Trab zu halten. Er teilt sein Domizil mit einem Ara, von dem er schwört, er höre auf den Namen Agnes, einer Deutschen Dogge namens Bosie, einem Papagei namens Smokey, einem elfjährigen Chihuahua namens Bow Bells, einem Yorkshireterrier namens Knickers, zwei Katzen – Spotly und Snuff, sie knabbern ständig an seiner Schusterpalme – mehreren Mäusen und einer Frau namens Lee. Außerdem arbeitet er an seiner ersten Serie für London Weekend Television, *The Kenny Everett Explosion*, und falls er es brauchen sollte, ist da noch sein Zweitbüro im früheren Schauraum für Korsetts in der Regent Street, wo Laurence jetzt mit Gem Productions sitzt. Für deren ansässigen Hit-Fabrikanten Tony Macaulay schien die Idee, ihm ein Büro vor Ort bereitzustellen, ein kluger Zug zu sein, als noch Millionen Hörer Kennys Programm einschalteten, da er ihm so schneller und auf kürzerem Wege neue Platten unterjubeln konnte; jetzt sieht es anders aus, weil Kenny nur noch ein manischer Hausbesetzer auf LSD ist.

„Als ich sagte, Radio 1 sei ekelhaft, meinte ich das auch so", insistiert er mit Todesverachtung. „Sie haben das Versprechen der Piratensender nicht erfüllt."

Sein ernüchternder Samstagmorgenersatz ist mit 21 der jüngste Moderator der BBC: Wenn Noel Edmonds nicht gerade angesagten Pop auflegt, schwelgt er in Gustav Holsts Suite *Die Planeten*. „Bald wird sich wieder etwas tun", prophezeit er auf die Bitte hin, sich zur Zukunft der Popmusik zu äußern. „Die Szene muss sich aber erst mal wieder aufrappeln, sonst sitzen wir in der Patsche."

Der Postbote klingelt zweimal in Apartment 7, Haddon Hall.

Angie öffnet die Tür. „Mike? Hi! Komm rein."

Er folgt ihr ins Wohnzimmer, wo David vor laufendem Fernseher Gitarre klimpert. „Ich bring dir deine Newley-Platten wieder."

David lässt sich die drei LPs geben und ist sichtlich froh, sie heil zurückzubekommen, die geweihten Tafeln von Gurneys Welt. Mike fragt sich im Gegenzug, ob sein Freund nun vielleicht an den Ausstellungskatalog von Andy Warhols Factory denkt, den er sich vor einer Weile ausgeborgt hat, und schaut sich danach um, sieht ihn aber nicht zwischen Büchern, Magazinen und Vinyl auf den Regalen. Als David nichts dazu sagt, schließt Mike daraus, dies sei nicht der richtige Zeitpunkt, um darauf zu sprechen zu kommen. Immerhin sind David und Angie gerade leicht begeisterungsfähig, beide lauter und schwungvoller als die verschwommenen Gestalten hinter ihnen auf der Mattscheibe.

Anscheinend läuft es gut für den Sänger. Er erzählt von einem neuen Manager, der ihn in Amerika bekannt machen will. Zudem hat er sein nächstes Album fertig.

„Es ist fabelhaft", sagt Angie so, als sei das eine feststehende Tatsache.

„Willst du es hören?", fragt David. „Ich kann dir die Bänder vorspielen. Ein Cover habe ich noch nicht; vielleicht fällt dir ja was ein, wenn ich es dir zeige. Vielleicht im Stil deiner Plakate fürs Arts Lab?"

„Mal schauen." Mike lächelt. „Ich würd's sehr gern hören, ja."
Der Fernseher wird ausgeschaltet. Angie erkennt dies als Zeichen und entschuldigt sich, während David sein Revox-Tonbandgerät aufstellt, eine volle Abwickelspule einsetzt und das Tape vorsichtig über den Kopfträger zur leeren Aufwickelspule führt. Mike bleibt gespannt in einem Lehnsessel sitzen, David hockt sich auf eine Kante des Sofas. Er steckt sich eine Zigarette an und inhaliert nervös. Nachdem er sich zurückgelehnt hat, startet er die Wiedergabe. In den nächsten 40 Minuten wird nicht gesprochen.

Das Band läuft.

David raucht.

Mike lauscht …

Track 1: „The Width of a Circle"
Erinnert zu Beginn ein wenig an „Beck's Bolero", flippt dann aber aus wie die Leute bei einem Ganztagskonzert aus der Implosion-Reihe im Roundhouse. David sorgt sich ums Älterwerden, fürchtet, er könne sich in ein Monster verwandeln. Gott, Gott und abermals Gott. Irgendwas über Khalil Gibran und Flachlegen. Fünf Minuten, und er wütet immer noch. Plötzlich Stille. „Progressiv." Dann mehr Gezeter und qualmende Lautsprecher. Ein Biker-Boogie, die Daumen in die Gürtelschlaufen gehakt, die Hüften geschwungen, die Ellbogen angewinkelt und kräftig die Haare geschüttelt. Teufels-Metal, aus dem neunten Kreis der Hölle hallende Schreie und wagnersche Pauken. *Wow!* Das. Ist. HEAVY.

Track 2: „All the Madmen"
Verdrossenes Schrammeln und gespenstische Flöten. David ist „nicht ganz richtig im Kopf, oder?" Kalte Herrenhäuser, Librium und Leukotomien … Mensch, er singt übers Cane! *Sie kommen, um ihn abzuholen, ha-ha!* Unheimliche Kinderstimmen, eine schräge Wurlitzer-Orgel und mehr „Beck's Bolero"-Referenzen. Dieses Medikament ist HEAVY.

Track 3: „Black Country Rock"
Herzig eingängig, aber – Himmel! – der Bass ist verflixt laut. David singt wie eine ertrinkende Geiß, und Marc Bolan wetzt eine Kralle. Eine halb leere Flasche, die zur poppigen Seite von HEAVY neigt.

Track 4: „After All"
Hat ein bisschen was von „Space Oddity". Davids Stimme klingt wundervoll, aber alles ist so schrecklich traurig – das jammernde Stylofon, die albtraumhafte Pfeifenorgel und … *Schockschwerenot!* „Oh-by-jin-go". Folkloristisch, düster und HEAVY.

Track 5: „Running Gun Blues"
Könnte Eddie Cochrans „Three Steps to Heaven" sein, bis Krieg ausbricht und gemetzelt wird. David singt wieder eigenartig aufgesetzt, und eine niedliche Orgel flötet. Die Melodie ist leicht, der Beschuss HEAVY.

Track 6: „Saviour Machine"
Einer der Marsmenschen aus Ray Bradburys Kurzgeschichte *Sie waren dunkelhäutig und goldäugig.* Davids Vocals dürfen beklatscht werden, aber der Rest ist mechanisch protzender Prog. Rockoperettenhaft, aber vor HEAVY-Kulissen.

Track 7: „She Shook Me Cold"
Eine wüste Hendrix-Hommage von The David Bowie Experience mit durchgebrannten Verstärkerröhren. Irgendein Chick saugt, bläst und reißt ihm den Kopf ab. Schrecklicher Lärm, ein zu heiß gewaschener Blues-Blaumann. Laut, hässlich und HEAVY.

Track 8: „The Man Who Sold the World"
Wenn *das* mal kein Song ist … Die Gitarren schlängeln sich mystisch wie in der Titelmelodie von James Bond ins Ohr und wollen nicht wieder rauskommen. Latin-Rhythmen und eine Orgel im Refrain, die hämmert wie in „96 Tears" von Question Mark and the Myste-

rians. Der Text dreht sich um – na ja, wer weiß? Nicht David. Sterbende Harmonien, allmähliches Ausklingen. Das. Ist. Fantastisch. Die Atmosphäre nichtsdestoweniger HEAVY.

Track 9: „The Supermen"
Mehr Wagner-Donnern, langsam wie ein Riesensaurier, und dazu Worte, die von Nietzsche stammen könnten, bloß dass sie von einem Dalek aus *Doctor Who* gebellt werden, der gerade einen Orgasmus hat. „Uh-ah!", stöhnen die Englein, und Led Zeppelin wittern Abkupferei. Jenseits von Gut und Böse, aber noch in Gurneys Welt angesichts der Vokalverdrehungen. Nun denn, *fol-da-di*!

Alles sehr, sehr merkwürdig. Alles sehr, sehr HEAVY.

Ende des Bandes. Es wird schlagartig still, wie zu Beginn einer Theatervorstellung. So etwas hat Mike nicht erwartet. Nicht nach all den Tony-Newley-Songs. Die Lyrics schlagen in seinem Kopf ein Bilderbuch voller Ungeheuer, dunkler Villen, Leichen, Waffen, Supergötter, Menschenmaschinen und Maschinenmenschen auf. Wie er nun zu David hinüberschaut, stellt er sich vor, wie er einen Garderobenspiegel berührt – Finger an Finger –, der ihm eine abscheuliche Kreatur mit Schnabel wie aus Hieronymus Boschs *Der Garten der Lüste* zeigt. Das war arg verstörend.

Mike sagt es ihm. „Diese Songs hören sich gestört an, David."

David weiß, dass Mike es weiß. Er hat ihn gerade in seine Seele blicken und all die unterdrückten Ängste sehen lassen. Die Klapsmühle von Gurneys Welt. Erst jetzt schreibt und singt er darüber, verwandelt Pein und Paranoia in Strophen und Refrains, veranstaltet einen Maskenball und lädt die Öffentlichkeit ein, mit seinen Dämonen zu tanzen. Ein Irrer, der sich selbst preisgibt. Er rutscht auf dem Sofa herum. Die Einschätzung war ehrlich gemeint: Die Songs *sind* gestört. Da David jedoch keine Antwort darauf findet, steigt er auf seinen Schutzwall und feuert mit der Spaßkanone.

„Tja, das ist meine Trouble-Liste."

Mike blinzelt. *Trouble-Liste?* Die Laute rollen durch seinen Schädel wie lockere Kugeln in einem Wälzlager.

Meine Trouble-Liste.

Mein Trouble ist.

Me-trobo-list

„Metrobolis?", hakt er nach.

Metropolis! Fritz Lang. David hat den Film noch nicht gesehen, aber darüber gelesen und Bilder daraus in Büchern gesehen. Science-Fiction für die Weimarer Republik. Eine Schreckensvision dessen, was kommen kann. Vielleicht ist das sein Album. *Maschinenmenschen-stimmungsmusik.*

„Metrobolist." Er grinst und klettert von seinem Wall hinunter. „Gefällt mir." Er nickt. „Ja, das ist der Titel. *Metrobolist.*"

Mikes Kopf dröhnt noch von den Songs wie nach einem Verkehrsunfall, als er nach Hause zurückgekehrt ist und am selben Abend anfängt, Skizzen für die Hülle des neuen Albums seines alten Freundes aus der Raucherecke anzufertigen. Ein Album von David Bowie mit dem Titel *Metrobolist.*

SECHZEHN

Niedertracht schwärt in Haddon Hall. Im hinteren Schlafzimmer, wo Tony und Liz ausgezogen sind, schmiedet Mick nun zusammen mit Woody Ränke. Sie erleben nämlich ihren Shakespeare'schen Sommer des Missvergnügens.

Seit Woodys Einstieg haben Hype beziehungsweise Harry the Butcher – oder wie auch immer David die Band sonst noch bisweilen nennen mag – nur fünf Gigs in vier Monaten auf die Reihe bekommen. Es gab keine weiteren Sessions fürs Radio, weder Fernsehauftritte noch ein einziges Fotoshooting für die Presse. Ein Monat verging mit unregelmäßigen Aufnahmeterminen fürs Album, doch zehn Wochen nach dessen Fertigstellung hängen sie immer noch in Haddon Hall herum, drehen Däumchen und streiten wegen der Gemeinschaftskasse oder weil jemand vergessen hat, Kartoffeln einzukaufen.

Ihr Traum bestand darin, der gelben Steinstraße aus Hull in ein magisches Rock-'n'-Roll-Oz zu folgen. Die Wirklichkeit sind Langeweile, Armut und vereinzelte Proben, abgeschottet in einem Keller in einem Vorort von Kent. Keine sexy Mädels, die in der ersten Reihe kreischen, denn die Musiker spielen nirgendwo vor ersten Reihen. Sie sind weder reich noch berühmt, geschweige denn Rockstars. Nur Tabak, Bier, Tee, Toast, ein Dach überm Kopf, schwindende Illusionen und Magengeschwüre, die sich mit einem beunruhigenden Gefühl von Reue bemerkbar machen.

Jede vertane Sekunde erinnert Mick daran, dass er das Schicksal gegen sich aufgebracht hat – erneut. Sein Hirn ist ein Orchestergraben, doch seine Hände haben nichts zum Dirigieren. All das –

David, Angie, Haddon Hall und die Zukunftsversprechen nach einem Kneipenkonzert in Southend vor 20 Nasen – reicht nicht aus.

Briefe von zu Hause wirken wie Lockrufe zurück zu Mühsal und Unheil. Er wird geliebt, ist verlobt. Der Humber vermisst ihn. Braucht ihn. Mick hat den beißenden Gestank des Teeröls und das diabolisch quietschende Rad des Rollwägelchens nicht vergessen, braucht aber nicht lange in die Wolken zu schauen, um sich mit rosaroter Brille nach der Gruppe zu sehnen, die er aufgegeben hat. Er lädt Benny ein, wieder für ein paar Tage aufs Anwesen zu kommen, und stellt die Weichen für ein Komplott. „Ich will The Rats neu formieren", erzählt er. „Aber bitte behalte es für dich, in Ordnung?"

Woody ist genauso unruhig. Er vermisst weniger die Rats als den Alltag einer richtigen Band. Regelmäßige Arbeit, regelmäßige Shows. Nächte auf Fernstraßen, in denen er sich hinten im Bus scheckig lacht. „Das war schön, Papa! Können wir noch einmal?" Und eine weitere Runde auf der Achterbahn.

David sieht, hört und ahnt nichts. Er und Angie haben ihre eigenen Machenschaften am Laufen: Haushalten, Bumsen, Zukunftspläne. Während Mick in der kleinen Küche mit viel Geschepper Curry-bohnen zubereitet, verschwinden sie ohne Worte zu Gesprächen mit dem Label über die neue Platte. Man hat beschlossen, sie zuerst in Amerika zu veröffentlichen; falls das bedeutet, dass David seinen ersten Überseeabstecher machen darf, um sie zu promoten, lässt er Großbritannien gerne warten – und seine Band, denn sie soll ihn nicht begleiten. David wähnt sich schon im Manhattan, wie es ihm durch The Velvet Underground vermittelt wurde, und sieht die Verschwörung nicht kommen, die auf der anderen Seite seiner Schlafzimmerwand ausgeheckt wird.

Als es schließlich zur Fahnenflucht kommt, erfolgt sie trotzdem nicht vorbedacht, sondern reflexartig auf dem langen Weg nach Norden. David fährt in seinem Rover zu einem Auftritt nach Leeds. Irgendwo dahinter folgen Mick und Woody in einem anderen Wagen.

Beide sehen es gleichzeitig, während sie an einer roten Ampel hinter Wakefield halten. Ein kleiner Kreisel, zwei Schilder, zwei in unterschiedliche Richtungen zeigende Pfeile.

Der eine zeigt wirklich nur.

Der andere löst etwas aus.

Sie schauen einander an.

Noch rot.

„Sollen wir?"

Gelb.

„Scheiß drauf."

Grün."

„Genau!"

Sie rasen los, vorbei an der Ausfahrt Leeds und weiter nach Osten, wo der Fluss ins Meer mündet und die Luft ätzend nach Kakao stinkt.

Aus einem Fenster zwischen zwei korinthischen Säulen, zu weit oben, um von den Horden wahrgenommen zu werden, die unten ins Spielwarengeschäft Hamleys strömen, blickt siegesgewiss ein König aus seinem neuen Schloss hinab. Ein bescheidenes Büro mit Schreibtisch, Telefon und Ausblick auf die Regent Street, für Tony Defries hingegen ein Herrschaftssitz. Er forderte ihn mit dem Skalp seines Managementklienten ein, der nun an den Hof von Gem gebunden ist, wo Laurence seinen Teil ihrer Abmachung erfüllt hat, indem er Defries als neuesten Star-Macher in sein Brill Building am

Oxford Circus aufnahm, hinten im selben Flur wie Tony Macaulay, Mike Leander und der dauerhaft abwesende Kenny Everett. Anderer Schauplatz, anderer Look: Frei von den Anzugförmlichkeiten argusäugiger Advokaten am Cavendish Square verkleidet er sich als Vertreter des Wassermannzeitalters. Offene Kragen, dicke Gürtelschnallen, enge Jeans und genug krause, schwarze Haare, um als Mitglied der Flirtations duchzugehen. Nach jahrelanger Zusammenarbeit mit dem Musikbusiness *ist* er nun das Musikbusiness.

Gleichwohl bis auf Weiteres nur ein kleines Licht. Obwohl das reale Datum 1970 lautet, hat er seine innere Uhr vor lauter Ehrgeiz auf nach 1984 gestellt. Eines Tages – nicht in diesem Jahr, aber vielleicht im nächsten, wird er selbst ein Unternehmen wie Gem leiten. Zweigstellen in London, New York, Los Angeles. Ein globales Entertainmentreich. Größer als Klein, größer als Colonel Tom Parker. Als größter Manager musikalischer Talente überall auf der Welt. Solche Machtfantasien sind ohne Zigarre haltlos, aber er raucht bereits die richtige Marke; in David sieht er indes das richtige Talent.

Er vergleicht ihn mit einer Immobilie. Einem Wolkenkratzer in New York.

„Du hast das Zeug – wenn ich mich um dich kümmere jedenfalls –, den finanziellen Grundstein für ein Gebäude in der Sixth Avenue zu legen. Gut möglich, dass du am Anfang eines Imperiums stehst."

Defries' Märchen raubt Bowie den Atem: ein kleiner Junge aus Brixton, der eines Tages aufwacht und herausfindet, dass er Betongold in Manhattan ist. Angie versichert ihm, das sei wahr; sie hat schon den Penthouse-Ausblick.

Während David im siebten Himmel schwebt, verfährt Defries am Boden nach dem Prinzip „teile und herrsche". Angie ist seine Verbündete, und selbst wenn sie das nicht wäre, würde er sie niemals ohne Unterstützung der Royal Artillery los, zumal er sie genauso braucht wie sie ihn, um David so hoch wie möglich zu pushen.

Das Problem mit Mick und Woody hat sich von selbst gelöst. Ihn interessiert die Band Hype nicht; das war immer Angies Steckenpferd. Sie fädelte den Deal mit dem Label ein, um mehrere Tausend

Pfund – angeblich für neues Equipment – vorgestreckt zu bekommen, und sollte es das Geld nicht zurückerhalten, obliegt das nicht Defries' Verantwortung. Er bat David schon früher, die beiden abzuservieren, doch das konnte David erwiesenermaßen nicht. Dass sie abgehauen sind, freut Defries.

Somit bleibt nur noch sein Namensvetter. Er glaubt, Visconti am besten im Zaum halten zu können, wenn er ihm ebenfalls einen Vertrag mit Gem schmackhaft macht; es sei die Ideallösung für alle, behauptet er: David würde als Künstler vergütet, Tony als Produzent, und Defries würde beide managen. Er will sie unter Kontrolle bringen und einen Teil ihrer Verdienste einstreichen.

Mit dem letzten Punkt tut sich Visconti schwer. Bei seinem verführerischen Angebot begeht Defries untypischerweise den Fehler, zwei wichtige Details zu übersehen: Erstens arbeitet Tony schon lange genug in der Branche und erkennt, wenn Honorare oder Prozente abgeschöpft werden, zweitens stammt er aus Brooklyn, wo man Betrüger aus einer Entfernung von 20 Schritten erkennt und umlegt, ehe sie einen weiteren gehen können. Defries ist schon beim 21. Schritt durchschaut. Ein herkömmlicher Bauernfänger.

Tony nickt und macht „hmm-hmm", während ihm monetärer Honig ums Maul geschmiert wird, sagt jedoch nichts, bis er allein mit David in der Regent Street vor den Gem-Büros an der Ecke Little Argyll steht. Dort packt er aus.

„Tut mir leid, Mann, ich kann nicht mit ihm arbeiten."

David versteht nicht. „Mit wem?"

„Tony", sagt Tony.

Hat er ihn wirklich „Tony" genannt?

„Der Typ will einfach nur eine Menge Kohle scheffeln. Ich möchte nichts mit ihm zu tun haben."

Jetzt kapiert David. Er muss sich entscheiden: dieser oder jener Tony!

„Tony? Oh, nein … nein, du schätzt ihn völlig falsch ein."

Visconti wird ungeduldig. „Mensch, blickst du es denn nicht? Vertrau mir hier, Leute wie er sind mir schon öfter untergekommen. Er ist kein Manager. Ihm liegt nichts an dir oder mir. Der Einzige, an den Tony Defries denkt, ist Tony Defries."

Davids Empire State Building stürzt ein.

Dieser Tony ist noch nicht fertig. „Ich werde definitiv keinen Vertrag mit ihm eingehen. Defries bedeutet Ärger. Falls du bei ihm bleiben willst: deine Entscheidung. Aber dann werde ich nicht mehr mit dir arbeiten können. Sorry, aber so ist es eben."

Davids weinerlicher Blick suggeriert ein „Lass mich nicht im Stich", doch hervor bringt er nur ein leises „Oh".

Tony rechnet mit mehr, doch nichts kommt. Die Stille ist aussagekräftig genug, um sie als Lebewohl zu deuten, und hält länger an, als es die beiden ertragen. Tony beendet sie.

„Man sieht sich."

David sieht Viscontis Hinterkopf auf und nieder gehen, bis er zwischen den West-End-Bummlern verschwindet. Er rührt sich nicht, wahrscheinlich nur einen Moment lang und doch eine gefühlte Ewigkeit. Schließlich wendet er sich ab, steckt sich eine Zigarette an und macht den ersten Schritt auf einem anderen Lebensweg.

Im August 1969 setzte Woodstock einen Flaschengeist frei, der sich nicht wieder einsperren lässt. Stinkige Hippie-Festivals bleiben uns dauerhaft erhalten. Genau ein Jahr später kommt Teenagern kein anderes über die zerbissenen Lippen als das Isle of Wight: Wer dort auftreten wird, wie man hin- und zurückgelangt, ohne sich irgendeine mittelalterliche Form der Syphilis einzufangen. Die Musikpresse empfiehlt allen jungen Lämmern höflich, ihre Jeans für den Gang zur Schlachtbank zu bügeln. Lange bevor sie die Fähre erreichen, erfüllt Isle of Wight 1970 die Prophezeiung jener Sorte Berichte, die das *Rave* – Monatsmagazin für die schnittigsten Girls – aus dem Effeff beherrscht. „GIBT ES DEN KAVALIER NOCH?" „WAS MUSS MAN ÜBER GESCHLECHTSKRANKHEITEN WISSEN?" „WAS PASSIERT PSYCHISCH, WENN MAN ENTJUNGFERT WIRD?" Die deprimierenden Antworten auf alle drei Fragen zucken um drei Uhr morgens auf einer Anhöhe in Hampshire unter einem schmierigen Tölpel mit Pelzjacke, während Jim Morrison „The End" verkündet. Am Samstagmorgen stehen die Absperrungen auf dem Gelände nicht mehr. Da man sich auf britischem Boden befindet, schieben die Behörden es auf die Franzosen. Ein Besucher beklagt in den Medien, die Einheimischen würden sie ungerecht behandeln – „wie die Irren, die Sharon Tate umgebracht haben"; die Einheimischen weisen darauf hin, dass gerade jemand eine Handgranate auf die Kartenausgabe am Einlass geworfen hat. Backstage wird Tony Blackburn gesichtet, was sich niemand so recht erklären kann. Gegen Sonntagmittag ist die Schlange der Wartenden, die sich mit einem rettenden Bus aus dem Staub machen wollen, fast fünf Kilometer lang, und jemand schlitzt sich die Pulsadern auf; entweder das, oder man blieb und tat sich Pentangle an. Die Veranstalter haben das fünftägige Musikevent als „das letzte Großereignis" beworben, was es auch ist. Ein Offenbarungseid des gesunden Menschenverstands, der für die 1970er zu krass und zu früh kommt, um zu riskieren, dass er sich jemals wiederholt.

Der Sommer geht vorbei, womit die Nation ihre letzte Chance vertan hat, die Feste so zu feiern, wie sie fallen. Hört sie rufen: „Gott!" Er sei mit England, der Heilige Georg mit uns – George Best für sie, Susan George für ihn. Die sakralen Sexsymbole der Seventies. Er, der aufsässige Playboy: viel Geblinzel, haarig, schäbig. Sie, das Mädchen von nebenan: viel Geblinzel, haarig, schäbig. Im Wissen darum, dass die zwei mal was miteinander hatten, kann man sich Sauereien ausmalen, die den Rahmen durchschnittlicher Vorstellungskraft sprengen. Susan war zuletzt in *Der Amerikaner* zu bewundern, wo sie als frühreifes Teenie Twinky mit einem Autor pornografischer Romane durchbrennt, den der 48-jährige Charles Bronson spielt. Best war zuletzt wegen seiner Neumillionärs-Junggesellenbude zu bewundern – mit eigenem Graben, versenkter Badewanne und einem Fernseher am Kaminkopf, der sich per Fernbedienung herablassen und hochfahren lässt. Das Designerhaus heißt, wie von einer ergebenen Anhängerin vorgeschlagen, Que Sera und hat den Fußballer 35 000 Pfund gekostet; sie kriegt 'nen Zehner und ein Autogramm. Es kommt, wie es kommt. Susan soll mittlerweile mit einem amerikanischen Schauspieler zusammen sein, Best wurde jüngst mit einer schwedischen Krankenschwester fotografiert. Das Königreich träumt, geifert und blättert weiter zu einer betrüblichen Geschichte über Orgien, Ehebruch und Mord in Italiens Hautevolee. Die Boulevardzeitungen lassen es sich nicht nehmen, Bilder der toten Marchesa beim Bräunen ihrer Brust abzudrucken, und sei es nur zum Zeigen der *bellezze*, für die manche Männer töten. Allerorts schwitzen Kinos in der Hitze, die *Liebende Frauen* und *Partnertausch und Gruppensex* erzeugen, derweil an Edgware Road der erste „Sex-Supermarkt" öffnet. Miss Ann Summers, die ihn betreibt, möchte „Sexualaufklärung für alle zugänglich machen." Also, John Bull: Immer feste feiern!

Morgens, mittags und abends, in Reihen- und Doppelhäusern, unter freiem Himmel und Zeltplanen: sich streckende Körper, gierige Bisse, glänzende Glieder, beschleunigte Herzfrequenzen und Atmung, verhärtende Weichteile, bauschende Lippen, pumpendes Blut, anschwellendes Gewebe, aufgehende Öffnungen mit umschließenden Rändern, wechselnde Farben – Rosa wird Rot und Weiß Lila –, verkrampfende Muskeln, Zuckungen, Kontraktionen, hell hervortretende Fingerknöchel, herausgelassene Schreie, Vesuvausbruch, Halleluja-Gesänge.

Und unter einer silberfarbenen Zimmerdecke in Haddon Hall Lebenssinnstiftung. Ein Jahr, nachdem der Sohn den Vater verloren hat, vereinen sich zwei Leiber und gehen als drei auseinander.

Nicht allzu weit weg blühen auf einem Urnengrab Rosen.

SIEBZEHN

Beatles. Mick Jagger, Terence Stamp, Prinz Michael von Kent. Lord Snowdon. Sammy Davis Jr. Und sogar Bruce Forsyth. Der Adel des Rock'n'Roll und Showgeschäfts, ja selbst die Krone ließ sich in die Eliteboutique in Mayfair locken, die hinter Savile Row in der Clifford Street 17 versteckt ist und deren Auslagen mit den Modegroßtaten eines gewissen Mr. Fish gesegnet sind.

Er drang von ganz unten an die Spitze der Fashion-Szene – geboren in Wood Green, Ausbildung bei Ausstattern des Eton College in St. James, dann Hemdschneider für *James Bond*. In den Swingin' Sixties geriet er an einen stinkreichen Sainsbury, der sich bereit erklärte, Mr. Fishs eigenen Betrieb zu fördern, mit dem er extravagante Kleider verkaufte, inspiriert von den Farben, Kitteln, Gewändern und Stoffen, die er auf einer Afrikareise kennengelernt hatte. An den Bügeln des Geschäfts hängt der Sound von *St. Pepper* in bedruckte Seide, Hemdkleid-Halskrausen und fliederfarbene Manschetten verwandelt. Seine Kreationen sind nicht „made by", sondern „peculiar to Mr. Fish" – „bezeichnend für". Dazu gehören extrem breite Krawatten wie jene von Ronnie Corbett in der jüngsten Episode von *This Is Your Live* oder „Männerkleider" wie das Modell mit dem weißen Röckchen, das Mick Jagger letzten Sommer im Hyde Park trug.

David war an jenem Tag dort und sah dem Stones-Frontmann zu, wie er in dem gerüschten Voile-Tutu *Adonaïs* von Percy Bysshe Shelley vortrug. Seitdem hat er alles über Mr. Fish gelesen, der sowohl von *Jackie* als auch *Mirabelle* porträtiert wurde – „groß, elegant, blau Augen und helles Haar" – und durch die Regenbogenpresse geisterte, nachdem er die schrillste Pariser Mode des Jahres in London vorgestellt hatte. Den Midirock für Männer.

„Engländer sind so faul, dass sie ihre langweiligen Büroklamotten anbehalten, wenn sie abends nach Hause kommen. Ich möchte das ändern." Im *Mirror* steht, Mr. Fish sei der Mörder der Hose. Er findet, der Männer-Midi sehe „ein bisschen biblisch" aus, und sagt für die Zukunft vorher – in anderthalb Jahren –, dass die meisten Männer Röcke tragen werden. „Kleider sollten Spaß machen und aufregend sein, nicht bloß notwendige Körperbedeckung. Zieht euch so an, dass ihr euch selbst gefallt, mit etwas Fantasie kann nichts schiefgehen."

Dort, wohin sich Bruce Forsyth vorwagt, will auch David sein, und wo David hingehen möchte, geht Angie voraus. Sie entdeckt die Heiligen Röcke im Keller von Mr. Fishs Geschäft zuerst. Zwei knöchellange Gewänder: eines aus lachsrotem Velours mit Blumenmuster und Brustschnüren, das andere in zartem Tizianblau mit Reißverschluss, V-Ausschnitt und Drachen-Stickerei auf dem Rücken. Sie reißt sie vom Ständer und hält sie David hellauf strahlend hin, eines in jeder Hand.

„Wow", staunt er und staunt umso mehr, als Mr. Fish die Arme verschränkt und ihm den Preis nennt.

„Probier sie trotzdem an", verlangt Angie.

David verschwindet im Umkleideraum. Er kommt zweimal heraus, jeweils mit einem der Teile, und zweimal schlägt Angies Herz so hoch, dass es in ihrem Schädel klingelt wie beim Hau-den-Lukas auf dem Rummel. Er sieht aus wie eine mittelalterliche Maid, die aus einem Gemälde von Botticelli gepurzelt ist, oder Greta Garbo in ihrem Lamé-Kleid in *Menschen im Hotel*. Anmutig, schlank, knabenhaft weibisch, damenhaft herrschaftlich, exotischer Prinz und Märchenprinzessin zugleich. Er ist jenseits von umwerfend.

Mr. Fish stimmt dem zu. David sieht göttlich aus: In einer seiner Schöpfungen hat noch kein Mann so wenig nach Mann ausgesehen. Er liest Angies Gedanken und lässt sich, ehe sie etwas sagen kann, artig vom Liebreiz in die Tasche greifen.

„Ich gebe sie Ihnen für jeweils 50 Pfund." Das sind 80 Prozent Rabatt. „Versprechen Sie mir nur, dass sie weitererzählen, woher Sie sie haben."

Im Salon von Haddon Hall klickt der Auslöser eines Fotoapparats. David liegt mit kniehohen Stiefeln in seinem lachsroten Dress von Mr. Fish auf einem Sofa, das mit einem Seidenüberwurf zugedeckt ist. Hinter ihm der Spitzenvorhang, den er mit Angie rot gefärbt hat, Vasen, Pflanzen und sein archaischer Wandschirm. Auf dem Boden verstreut liegen die Spielkarten zweier verschiedener Art-déco-Sets. In seiner herabhängenden rechten Hand hält er den Karo-Buben. Als er die linke hebt, um sich am Kopf zu kratzen, rutschen seine Hochzeitsarmreife am Handgelenk hinunter. Der Auslöser klickt wieder.

Der Apparat gehört einem jungen Mann namens Keith. Als „Keef" oder „Marcus Keef" hat er Black Sabbath und Rod Stewart abgelichtet sowie Plattenhüllen für Philips' neues Underground-Label Vertigo gestaltet. Der Konzern hat ihn beauftragt, für Bowies neues Album Bilder von ihm zu machen. Die Idee, es bei ihm zu Hause zu tun, kommt von David selbst, denn die eigenwillige Kulisse eignet sich wunderbar zur Vorstellung seines neuen Images – „bezeichnend für Mr. Fish" – eines gegen Lächeln, Friseure und vor allem Hosen allergischen Mannes.

Er posiert auf die gleiche Weise in dem anderen Aufzug, dem schlichteren blauen Kleid, und setzt mit einem schief sitzenden schwarzen Barett auf seinen rotblonden Haaren Akzente. Die Kopfbedeckung ist im Geiste der Garbo zu verstehen, der neuen Muttergottes auf seinem Kaminsims. Er hat sich wochenlang mit Porträts von ihr in Büchern aus Secondhandshops und alten Filmzeitschriften befasst – ein Schnellkurs dazu, was einen Star ausmacht, bei der ultimativen Gebieterin des Geheimnisvollen über den Ruhm. Jedes Promo-Foto entsprach einer Lehrstunde, was Hand- und Kinnhaltung anging. Sie zeigten, wenn man sich durch die Haare fährt, wie weit man den Mund öffnet, die Augen niederschlägt und die Brauen hochzieht, Zurückhaltung zeigt oder aus sich herausgeht, wie man Feuer und Eis ist oder beides, wie man so betont aufrichtig ins Kameraobjektiv schaut, dass der Blick dem lieben Gott bis ins Mark dringen könnte. Eine Skulptur in jeder Einstellung, ein Kunstwerk auf jedem Bild. Das unergründliche Rätsel vollkommener Schönheit, verdichtet zu zwei Silben. GAR-BO.

David hat Keef bei Philips, Greta hatte Clarence Sinclair Bull bei Metro-Goldwyn-Mayer. Sie hätte sich von niemandem sonst für offizielle Porträts fotografieren lassen. Im April 1932 posierte sie mit 26 – drei Jahre älter als David jetzt – in Kostümen aus ihrem neuen Film *Wie du mich wünschst* für Bull, darunter ein Matrosenhemd und ein schwarzes Barett. Sie ist Davids Muse, als er sich zurücklehnt und Keef knipsen lässt: ein dürrer 23-Jähriger in einem blauen Kleid mit blasser Haut, welligen langen Haaren und kurios verschiedenfarbigen Augen, die in eine ungewisse Zukunft blicken. Er hofft, die beiden Silben, zu denen sich vollkommene Schönheit verdichtet, lauten eines Tages BO-WIE.

Dib Cochran & The Earwigs sind los. Bell Records haben „Oh Baby", das Geheimexperiment von Marc und Tony, endlich von der Leine gelassen. „Es klingt wie von 1959 übrig geblieben", argwöhnt der Schreiber des *NME*, der in der Jury der diesjährigen Ivor Novellos saß und eigentlich erkennen sollte, wenn er etwas als originell zu bewerten hat. Drüben am Regent's Park bei *Music Now* weiß man nicht, ob Daumen hoch oder runter. „Sehr altmodischer (aber wirkungsvoller) Gesang, flotte (aber wirkungsvolle) Streicher, freakige (aber wirkungsvolle) Gitarren …"

Gewiss doch ein Hit, oder?

„… nein, es gefällt mir nicht. Klär mich jemand auf: Sind Dib Cochran & The Earwigs die Beatles in Frauenklamotten?"

Die Single wird verrissen. Die Kritiker irren sich, aber Mark und Tony lassen sich nicht entmutigen. Sie wissen, ihre nächste wird kein so hässliches Entlein sein.

In Haddon Hall läutet es an der Haustür. Als David öffnet, steht dort Mike mit einer großen Mappe statt seiner Posttasche und grinst breit.

„Es ist fertig", sagt er.

David lässt ihn rein. „Mike ist hier", ruft er Angie zu.

Sie kommt aus dem Schlaf- ins Wohnzimmer gerauscht wie nach einer Choreografie von Busby Berkeley für *Die 42. Straße*, wo ihr Blick genauso wie Davids auf Mikes Hände fällt, der nun die Mappe öffnet und einen großen, weißen Kartonbogen herausnimmt.

„So, das ist es", bemerkt er gespannt lächelnd.

Es misst 30 auf 30 Zentimeter, wurde mit Gouache gemalt und als einzelnes Comicbild stilisiert. Rechts hält ein Cowboy mit roter Jacke ein eingewickeltes Gewehr in Anlehnung an einen Ausschnitt aus der *Der Schwarze Falke* mit John Wayne im Jahrbuch '57 von *Picture Show*. Ein Teil seines Huts löst sich einem Vorschlag von David gemäß in Luft auf wie die explodierenden Köpfe auf Mikes Arts-Lab-Plakaten. Eine Sprechblase neben seinem Kopf … Mike wollte ihn ursprünglich etwas aus J. G. Ballards neuem Experimentalroman *Liebe und Napalm* zitieren lassen, der in diesem Sommer herausgekommen ist.

David glaubte aber nicht, dass er damit beim Label durchgekommen wäre, also hat Mike eine harmlos doppeldeutige Anspielung auf Junkies genommen:

Ärmel sind „sleeves" im Englischen, was auch „Plattenhüllen" bedeutet, also könnten sich die Arme ebenso gut auf den Tonarm eines Abspielgeräts beziehen.

Unter indigoblauer Dämmerung hinter dem Cowboy ragt bedrohlich grau ein Herrenhaus mit markantem Uhrenturm auf. Es ist unverkennbar das Cane. Mike hat es von einer Broschüre der Klinik abgemalt. Der Titel *Metrobolist* steht in fett schwarzer Frakturschrift auf dem weißen Rand darüber.

David strahlt, Angie funkelt.

Mike zieht noch einen Karton aus der Mappe, den Entwurf fürs Backcover. Darauf steht eine Wasserstoffblondine mit grünem Tanzkleid eingehakt zwischen zwei Freiern, alle drei teilen sich eine Sprechblase.

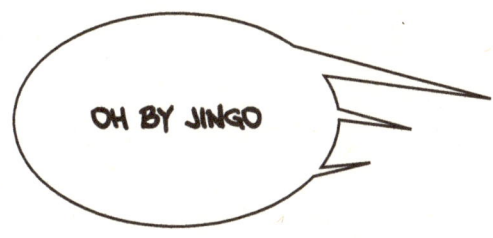

Die Frau erinnert an Marilyn Monroe, doch Mike hat sich von Debbie Reynolds inspirieren lassen; er nennt sie Debbie Dagger. Der Mann mit Kappe und Overall an ihrem linken Arm beruht auf der Figur Jinkerman aus Rex Warners Roman *The Professor*; eine Kommunistin aus Bromley, die einmal mit George Orwell zusammen gewesen war, hatte Mike eine alte orangefarbene Penguin-Taschenbuchausgabe geschenkt. Der andere Mann ist das legendäre Phantom aus der Raucherecke: Ken Tapley.

„Wie findest du's?", fragt Mike.

„ICH LIEBE ES!", juchzt Angie, womit die Sache geritzt ist.

Sie erklärt, *Metrobolist* werde in einer Klapphülle erscheinen. Mikes Cowboy-Motiv soll vorne drauf sein, das „Oh by jingo"-Trio irgendwo hinten. Für die Innenseiten ist eine Collage der Fotos von David in seinen Kleidern von Mr. Fish vorgesehen.

„Alles wird passen", verspricht Angie. „Alles wird wunderbar."

Dass sie und David so begeistert sind, erleichtert Mike. Wäre das nicht die Gelegenheit, mal wegen des Ausstellungskatalogs von Andy Warhols Factory nachzuhaken? Aber schau sie dir an, sie bestaunen sein Werk wie ein Herzog und eine Herzogin der Medici. Nein, besser nicht die Stimmung vermiesen.

„Danke", erwidert Mike.

Dann halt demnächst.

Bestürzung im Regent Arcade House. Kommerzieller Selbstmord auf Glanzpapier. Defries' New Yorker Immobilie in einem Frauenkleid.

„Oh … *Gott!*"

Er ist entsetzt.

„Oh David, David, *David.*"

Laurence ebenfalls. Nicht weil einer seiner Künstler Klamotten trägt, in denen er wie ein Homosexueller aussieht, sondern weil einer seiner Künstler Klamotten trägt, deretwegen die Öffentlichkeit ihn für einen Homosexuellen *halten* könnte. Das war's dann wohl mit Postern in *Jackie* und *Mirabelle*. Adieu, Radio 1, und tschüss, *Top of the Pops*. Mehrere Tausend Pfund von Laurence' Konto in den Wind geblasen. Tuntig mit Kussmund.

„Was *denkt* er sich dabei?"

Die Präraffaeliten. Dante Gabriel Rossettis viele Gemälde von seiner Geliebten Jane Morris, der Ehefrau von William Morris, und insbesondere *The Blessed Damozel*, ein Porträt von ihr als Mariana aus Shakespeares *Maß für Maß*. Die gleiche nach rechts geneigte Sitzhaltung, eine entsprechende Seidendecke und Frisur, ein ähnlich gekränkter Gesichtsausdruck.

Das denkt sich David dabei. Er begreift bloß nicht, dass er 1970 der Einzige ist, der das tut.

ACHTZEHN

Oben in der großen Stadt ist alles möglich, doch die Leute in den Vororten behalten lieber alles schlicht so bei, wie es ihnen gefällt. Vor allem Frauen. Die Männer hier mögen eine Frau mit Beinen und wollen, dass diese Frau ihre Beine zeigt wie Betty Grable – weich und glatt, geschmeidig bis zum Oberschenkel. Darum stehen sie nicht auf diesen neumodischen Scheiß von drüben. Den Midi. Wer möchte schon, dass eine Braut ihre geilen Grable-Gräten unter einem langen Rock versteckt? Und, siehe da, aus diesem Grund hat sich das Mannsvolk mit dem örtlichen Polizeichef getroffen. Und Bürgermeister Baker, der war natürlich auch voll dafür. Schließlich haben sie sich beraten, geeinigt und eine Verordnung dazu verabschiedet. Ein Schild aufgestellt und so.

ZUM SCHUTZ DES
UNVERÄUSSERLICHEN RECHTS DES MANNES,
DEN WEIBLICHEN KÖRPER ZU BEWUNDERN,
SIND IN DER GEMEINDE HANOVER PARK
MIDIRÖCKE PER VERORDNUNG VERBOTEN

Damit sie es wissen! „Die meisten Männer hier haben ernsthaft etwas gegen den Midi." Verdammt richtig so, Bill, wir sind hier in Amerika, und es ist 1970. „Ich würde zweifellos versuchen, ein Girl daran zu hindern, einen zu tragen, indem ich entweder auf sie einrede oder sie auslache." Und derjenige, der das sagt, ist Rechtsanwalt. „Wir haben die Polizei gebeten, auf Frauen zu achten, die sich nicht daran halten, und sie aufzufordern, nicht so auf der Straße herumzulaufen."

Was die Frauen selbst betrifft: Tja, die stehen gleich neben den Männern und wackeln in ihren bewährten, niedlichen Miniröcken mit den Beinen. Läden hier wollten Midis verkaufen, jetzt tun sie's nicht mehr. Schlecht fürs Geschäft. Wissen Sie, die meisten Frauen glauben, dass Midis nur dazu gedacht sind, sie einer Gehirnwäsche zu unterziehen. „Warum sollten wir unseren Männern ihren Spaß verderben? Das ist absolut verbrecherisch." Klar doch, Schwester. Verderben und Verbrechen sind was für die in Windy City. Mensch, bis dorthin ist es ja gar nicht so weit – keine 30 Meilen von Hanover Park bis zur Chicago Loop mit den ollen Wolkenkratzern am East Wacker Drive. Weiß der Teufel, was die Menschen den ganzen Tag *dort* treiben. Jede Wette, dass sie sich allen möglichen verdorbenen Mist anschauen. Girls in Midis? Himmel, *Jungs* in Midis!

Verdammt, über die unveräußerlichen Rechte dieses einen hat Bürgermeister Baker bestimmt auch 'ne Menge zu sagen. *Aber hallo!*

Es läutet wieder in Haddon Hall. Als David die Tür öffnet, schwappt eine tosende Welle amerikanischer Empörung an ihm vorbei nach draußen, als sei ein Damm gebrochen. Bevor sie Mike trifft, bemerkt er an Davids Gesicht, dass etwas nicht stimmt. Ärger im *Metrobolist*-Labor.

„Komm rein", sagt David.

„Alles okay?"

„Nein, Mike ... Sie haben die Hülle verbockt."

Die dunkelgrünen Wände im Salon haben von Angies Wut einen Rotstich bekommen. Mike tritt behutsam ein.

„WAS BILDEN DIE SICH EIN? VERDAMMTE FASCHIS-TEN!"

Als sie ihn sieht, schlägt sie sich mit einer flachen Hand gegen die Stirn. „Oh, Mike!" Sie bläht ihre Backen auf. „Du glaubst nicht, was sie getan haben!"

„Hier." David gibt ihm ein Exemplar des fertigen Albums, das *Metrobolist* heißen sollte. Zuallererst fällt ihm auf, dass es das nicht mehr tut. Sein Schriftzug wurde entfernt, ein Lohn-Illustrator hat den Titel durch einen anderen in eigener Comictype ersetzt.

DAVID BOWIE
THE MAN WHO $OLD THE WORLD

Mike schweigt.

„Siehst du? Sie haben den Titel geändert", sagt David.

„EINE *SCHANDE*!", schnaubt Angie. „WIE KÖNNEN SIE ES WAGEN, UNS VORZUSCHREIBEN, WIE WIR DAVID PRÄ-SENTIEREN?"

Die Sprechblase des Cowboys ist jetzt leer. Noch vorhanden, doch er sagt nichts.

„Den Sound haben sie auch versaut", fügt David hinzu.

Mike dreht die Hülle um. „Oh by jingo." Wenigstens sind Ken, Debbie und Jinkerman noch da. Es ist allerdings keine Klapphülle. Keine Fotos, kein präraffaelitischer Mann im Midikleid. Kein Mr. Fish.

„Was für Spießer!", schnauzt Angie. „Elende Gangster! Mit Olav wäre das nie passiert."

Olav, ihr früherer Insider bei Mercury/Philips, ist jetzt draußen und bei RCA. David hat niemanden mehr bei jenem Label. Alle seine Schutzengel sind ausgeflogen, an ihrer Stelle sitzen graue Fremde in den Büros am Stanhope Place, die sich für The New Seekers oder Blue Mink reinknien und sich nur vage an einen David Bowie erinnern.

Oh, weißt du? Dieser drollige Typ mit der lockigen Matte … Der, den das Sketch „dünne, blonde Vogelscheuche" genannt hat, nicht wahr? Von ihm stammt dieser Weltraumsong mit dem komischen Gezirpe, oder? Genau, das ist er.

Sie sind diejenigen, die das Artwork und die Masterbänder nach Chicago zu Mercury schickten. Dort fassten in einem Hochhaus am East Wacker Drive andere graue Fremde, die sich gleichfalls für den Country von Bobby Bare und den Soul von Buddy Miles reinknien und bei denen Mikes Gouache, das Junkie-Wortspiel, der verwirrende Titel *Metrobolist* und die begleitenden Fotos von einem Mann im

Midikleid für Fassungslosigkeit gesorgt hatten, den Beschluss, den Schallplatten kaufenden Teil der amerikanischen Bevölkerung um jeden Preis vor etwas derart Sittenlosem zu verschonen.

Auf der anderen Seite des Atlantiks ahnt David nichts von der Sabotage der Grafikabteilung der Plattenfirma, bis eine Lieferung des fertigen Produkts an seiner Haustür eintrifft. Sein kläglicher Mangel an kreativer Kontrolle wird ihm erst bewusst, als er die Platte aus dem Versandkarton nimmt und so entsetzt anstarrt, als habe er einen abgetrennten Kopf ausgepackt. Er kann nichts dagegen tun. Und als er Defries darauf anspricht, entgegnet dieser, er könne auch nichts unternehmen. Das war's also. *Metrobolist* ist tot – lang lebe *The Man Who $old the World*.

Mike fehlen die Worte. Er betrachtet das Backcover erneut, um nach der Nennung seines Namens zu suchen. Er hatte darum gebeten, als „Artists Union" aufgeführt zu werden. Ist er aber nicht.

„Ich weiß nicht, was ich sagen soll", gesteht David.

„So ist es total witzlos, oder?", fragt Mike.

Der Cowboy in seinen Händen schaut auf und schreit stumm.

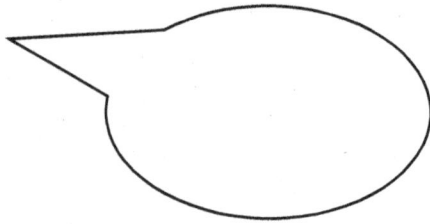

Mehr gibt es nicht zu sagen.

David steckt sich eine Zigarette an. Angie schaut düster an die Decke, während in ihrem Kopf Formulierungen brodeln wie heißer Teer, den sie morgen in ernsten Telefonaten vergießen wird. Mike findet, dies sei der passende Moment, um sich zu entschuldigen und aufzubrechen.

„Also dann", sagt er. „Bis bald, David."

Die Tür geht zu. Ein Hauch von Winter liegt in der Luft. Mike stellt seinen Jackenkragen auf und geht mit seinem Exemplar von

David Bowies *The Man Who $old the World* unter einem Arm nach links in die Southend Road. Als er die Beckenham High Street erreicht, muss er lächeln: Hollywood-Visionen seines Werks in den Auslagen von Plattenläden überall in den Vereinigten Staaten. New York. San Francisco. Chicago. Los Angeles. Nicht so, wie er es wollte, aber trotzdem ist es vollbracht: Ken Tapley in Amerika.

Mike wird seinen Warhol-Katalog nie wiedersehen.

„Was läuft falsch in eurer Stadt?", möchte das Magazin *Rave* wissen, doch drei Stunden nördlich von Watford sollte es sich die Frage besser verkneifen. Ein Ortskern mit sechs Kinos, einem Theater, einem Kunstzentrum, ein paar Discotheken, einem Freibad, einer Universität, einer Kegelbahn und einem Mecca-Locarno-Ballhaus. Eine Stadt, wo die Kids nicht „alright" sind. Das einzige Wimpy-Restaurant wird von lungenkranken Erwachsenen belagert. Im Kunstzentrum finden Gedichtlesungen für pseudo-intellektuelle Brillenputzer statt. In die Discos kommt man ausschließlich ab 18. Der Gemeindejugendclub hat eine Jukebox, die Platten darin wurden von Erwachsenen ausgesucht. Den Rest machen etliche Kneipen, Clubs für die Arbeiterschicht, Frittenbuden und Bingo-Events aus. Die Löhne hier liegen deutlich unter dem landesweiten Durchschnitt. Die meisten Jugendlichen haben kaum genug Geld für eine Busfahrt in die Stadt, um ihren Straflagern ähnelnden Hochhaussiedlungen zu entkommen, wo man nichts weiter tun kann, als in Cliquen herumzulungern, und die Zeit am Kommen und Verschwinden von Streifenwagen gemessen wird. Kaputte Zäune und demolierte Telefonzellen, aus Langeweile mit den Wurzeln ausgerissene und liegengelassene Bäume, die vergebens zum Aufhübschen des Betontods mit Pflanzenleben gesetzt wurden. Das ist kein Ort, an dem man Teenager sein möchte.

„Wir wollen eine Disco", sagt ein Mädchen aus der Siedlung in *Rave*. Die Zeitschrift gibt den Wunsch an den Vizevorsitzenden des städtischen Jugendrates weiter, einen 1889 geborenen Lehrer im Ruhestand. „Junge Menschen hatten früher viele Interessen", kräht er. „Turnen, Holzarbeiten, Hockey. Jetzt setzen sie sich nur noch in Bewegung, wenn ein Grammofon plärrt. Meinetwegen können sie ihre Musik haben, solange sie anderen Hobbys nachgehen, doch sie haben keine mehr."

Dass Jungsein 1970 bedeutet, keine anderen Hobbys als Popmusik zu haben, will ihm nicht einleuchten. *Rave* zieht sich geschlagen zurück und schreibt eine Todesanzeige. „Hull ist eine dieser Städte, in denen die jugendliche Bevölkerung nichts lieber will, als schnellstmöglich hinauszukommen."

Nach diesem Urteil sehen die braven Reporter zu, dass sie schnellstmöglich nach London kommen und nie mehr zurückkehren. Irgendwo weit hinter ihnen in der finsteren Wüstenei schluchzt ungehört eine Les Paul.

NEUNZEHN

Neuanfänge. So wie das letzte Sommerlaub braun wird, sich kräuselt und fällt, blättert die tote Haut der 1960er-Jahre ab. Jimi Hendrix feiert Greta Garbos 65. Geburtstag, indem er in Notting Hill – nur drei Straßen weiter hängt ein Poster von ihm im Abstellraum der „Toadstool Studios" – an seinem eigenen Erbrochenen erstickt. Marc erfährt davon auf dem Weg zu einem Auftritt als Headliner eines neuen Festivals bei Glastonbury, das von einem Milchbauern aus Somerset organisiert wurde. 1500 Menschen, die ein Pfund Eintritt bezahlt haben, erleben mit, wie Jimis Geist in Bolans Finger fährt und die Staffel von einem „Electric Warrior" zum nächsten wandert.

Der Tod bringt Plattenfirmen Gewinne und macht einen zwei Jahre alten LP-Song zu Hendrix' erster Nummer 1. „Voodoo Chile" ist nicht der letzte Sargnagel, sondern der Geburtsschrei einer neuen Ära popkultureller Ketzerei. Die Charts sind dämonisch besessen von dunklen Nächten, Black Sabbath, schamanischen Indianergesängen und fieberhaften Fräuleins, die sich über Hexenkunst auslassen. Farbe spielt im Rock 'n' Roll keine Rolle, solange es Schwarz ist. „Wir wollen unser Publikum unterhalten", knattert Sabbaths fiedelnder Zigeuner Tony Iommi aus Birmingham. „Aber nur mit unserer Musik, die in erster Linie aus simplen Riffs und schweren Beats besteht. Deswegen haben uns einige Leute heruntergemacht, doch uns gefällt, was wir spielen, und anderen anscheinend auch, also fertig, aus!"

Anderen gefällt auch Led Zeppelins drittes Album voller Wikinger-Madrigale so gut, dass es an die Spitze der Charts schießt, obwohl die Band immer noch äußerst allergisch gegen das wohl zu schnell rotierende Singleformat ist. Stattdessen erklären sie sich zur Leihmutterschaft für Mickie Mosts Collective Consciousness Society, abgekürzt C.S.S., bereit, einem Studioprojekt unter der Leitung von Blueser Alexis Korner mit einem instrumentalen Arrangement von „Whole Lotta Love". Drei Wochen vor Erreichen seiner höchsten Position auf Rang 13 wird das Cover zum Titellied der aufpolierten Fortsetzung von *Top of the Pops*. In der ersten Folge gibt es ferner einen eigenen Tanz von Pan's People zu bewundern, denen die Künstlergewerkschaft in diesem durch *Der weibliche Eunuch*, das erste Seite-eins-Girl und Mehlbomben auf Bob Hope während der Wahl zur Miss World besonders östrogenen Herbst endlich Mindestgagen zugesichert hat. Die Seventies finden einen Daseinszweck, und trotz Gil Scott-Heron findet eine Revolution im Fernsehen statt.

Neue Klänge bilden neue Wörter, und das eine Wort hat fortan das *Sounds*.

„Die Musik der 1970er verdient eine den 1970ern angemessene Zeitschrift. Keine alte, die krampfhaft versucht, mit der Moderne Schritt zu halten. *Sounds* ist das Wochenmagazin für die 1970er. Das EINZIGE MAGAZIN."

Das einzige Magazin der 1970er kommt in Schwarz, weil man um Janis Joplin trauert, die Jimi gefolgt ist, enthält eine Übersicht elektrischer Orgeln und kündet von den Sorgen und Nöten Pink Floyds, die zugeben, ihre jüngste 13-minütige Schwelgerei ‚Alan's Psychedelic Breakfast' eventuell nicht live aufführen zu können, weil dabei jemand auf der Bühne Eier brutzeln müsste.

Auf den Tablettenschachteln steht: Anpassen oder sterben.

Springerstiefel und Hosenträger waren für die vier Mitglieder von Slade aus Wolverhampton ein Versuch, der nicht funktioniert hat. Mit ihrem Wagnis im letzten Jahr, sich als „Skinhead"-Band zu stilisieren, sind sie baden gegangen. Die Haltung sagt „Ska", die Musik hingegen „Steppenwolf". Ein größeres Problem ist der Umstand, dass Konzertveranstalter sie sehen und prompt „Strangeways" rufen. „Es fing an, sich bei den Promotern bemerkbar zu machen", erzählt ihr 24-jähriger Sänger Noddy nachdenklich; aufgrund seiner Stimme wurde er schon mit Janis verglichen, obwohl er auf dem Cover des

Sounds ein Mann und nicht tot ist. „Sie hielten uns für einen Haufen Deppen, die Ärger machen." Bei Slade handelt es sich weder um Deppen noch um Schläger. Frisuren und Kleider lassen sich verändern, so wie sich das Blatt wenden kann. Ihr neues Album heißt *Play It Loud*, und ungeachtet der Tatsache, dass es bisher niemand hören wollte, sind Slade noch weit davon entfernt, voll aufzudrehen.

Von Auf*wärmen* kann man indes im Fall des größten Hoffnungsträgers der Dekade sprechen. Er sagt, seine Lieblingsfarbe sei Rot, außerdem würde er Haustiere, Kunst, Fußball, Tacos, Coca-Cola und Elizabeth Montgomery aus *Verliebt in eine Hexe* mögen. Was er nicht mag, sind Hotels und Suppe. Er ist 12, heißt Michael Jackson, stammt aus Gary in Indiana und hat zwei Lebensziele: Als Mensch „mich bessern", auf beruflicher Ebene „ein großer Star werden". Die großen Sterne am Himmel richten sich bereits zu seinen Gunsten aus.

Heute ist David damit an der Reihe, seine Vergangenheit hinter sich zu lassen. Er nimmt in einem neuen Studio einen neuen Song mit einem neuen Produzenten und einer nicht ganz so neuen Band auf. Das Studio ist eine säkularisierte Kirche in Notting Hill und keine 500 Meter von Marcs Wohnung entfernt. Der Produzent heißt Herbie Flowers und hat bei der Session zu „Space Oddity" im letzten Jahr Bass gespielt. Die Band besteht aus Herbies Mitmusikern von Blue Mink, die nebenbei bei C.C.S. tätig und somit auch im sexy neuen Titellied von *Top of the Pops* zu hören sind.

Herbies richtiger Vorname lautet Brian. Er ist fast zehn Jahre älter als David und macht seinem Nachnamen alle Ehre, weil er als Züchter Gartenbaumedaillen für seine Dahlien und Tomaten gewonnen hat. Darüber hinaus mag er Segelfliegen, Filme mit Katharine Hepburn, John Constables Gemälde, Strawinski und Sinatra. Als Songwriter hat er sich kürzlich als Mitautor von Blue Minks drittem Hit „Our World" hervorgetan, der sich bald aus den Charts verabschiedet, wohingegen die neue Single eines beliebten Sitcom-Schauspielers, an der Herbie ebenfalls beteiligt war, einsteigen wird.

Vor ein paar Monaten ist er im Restaurant Quaglino's bei einem Treffen Prominenter zu Ehren von Ronnie Corbett gewesen, der allerdings gerade wegen einer Episode von *This Is Your Life* ausgebucht war. Überraschungsgast Danny La Rue hüpfte im gleichen Hemd mit der gleichen breiten Krawatte von Mr. Fish wie Corbett durch die Schiebetür herein. Was wurde da gelacht … Bei diesem Promi-Dinner nach der Show saß Herbie, den es dank seiner Beziehung zu La Rues Club am Hanover Square dorthin verschlagen hatte, mit einem weiteren Überraschungsgast an einem Tisch: Clive Dunn aus *Dad's Army*. Als dieser erfuhr, dass Herbie Musiker und Komponist ist, bat er ihn, etwas für ein Spaßalbum zu schreiben, das er demnächst in Anspielung auf seine Serienfigur – die tattrige, wuschelige Nervensäge Corporal Jones – für EMI zu machen gedenke. Gemeinsam mit seinem Freund Kenny, dem ehemaligen Sänger der kunstvoll lärmigen Mods The Creation, hat sich Herbie „Grandad" ausgedacht. Der Text erinnert ein wenig an eines der Charakterstücke von Davids ersten Album, auf dem er über Kinder, Sahnebonbons und Kanoniere sang. Die Musik torkelt klumpfüßig mit Blechbläsern und Piano einher, ein bisschen so wie der Titelsong von *Steptoe and Son*. Clive nahm das Lied erschöpft nach einem Tag beim Dreh von Dad's Army mitten in der Nacht im Abbey Road auf. Herbie hat die Tuba gespielt.

Das ist also der Mann, der David heute in eine neue Richtung lenken wird.

Der Song, den dieser als seine nächste Single auserkoren hat, heißt „Holy Holy" und platzt auf seine trunkene Art etwas spät ins vorherrschende Ketzer-Pop-Getümmel. Er singt über Engel und Dämonen, das Böse und Rechtschaffenheit, doch die Lyrics drehen sich trotz des Titels weniger um Heiligtümer als um das Festhalten an einer ganz und gar nicht heiligen Person. Heilig im Sinne von Davids aus seiner Hippie-Zeit erhalten gebliebener Begeisterung für den verdrehten Okkultisten Aleister Crowley, der sich anscheinend nur von „Eiern und Heroin" ernährt hat, eines der Gesichter auf *Sgt. Pepper* war, in einer neulich von der *International Times* veröffent-

lichten Artikelreihe zu Sexualmagie beleuchtet wurde und Puber-
tierenden, die mit der Valderma-Seife ihrer Schwestern onanieren,
von der Auslaufrille des neuen Led-Zeppelin-Albums aus „Mach,
was du willst" zuflüstert. Heilig im Sinne des von seinem geliebten
Bruder Terry geliebten Allen Ginsberg im Gedicht *Footnote to Howl*,
wo die ganze Welt mit Leib und Seele, Nase und Zunge, Schwanz
und Hand und After und allem und jedem heilig ist. Heilig im Sinne
von Batmans Weggefährten Robin und seinen Aussprüchen. Und
heiliger als Davids Ehefrau. Die Sexualmagie in Haddon Hall hat
schließlich Früchte getragen. Der Sohn wird bald Vater. Angie, die
Madonna der grellen Rosatöne, wird bald eine heilige Maria.

David schlägt für den Song ein Timbre an, das ihm nicht von
Natur aus liegt, sondern daran erinnert, wie Marc vor ein paar
Jahren im Schneidersitz auf Kissen mit Fransen hockend gesungen
hat. Es passt zur Musik, die auch ein bisschen nach übereinander-
geschlagenen Beinen und fransigen Kissen klingt − aber auch leicht
nach Heuwagen und Tonkrügen. So jedenfalls dürfte Herbie es wahrnehmen, als er sich mit den Blue Minks Barry und Alan anschickt,
„Holy Holy" Vibe für Vibe zu zerpflücken, bis nur ein elektrifizierter
Morris-Tanz übrigbleibt. Selbst in „Grandad" − und übrigens auch
dem Titelstück von *Steptoe and Son* − steckt mehr Sexualmagie. Herbies neue Richtung für David führt mit schleifender Bremse in die
Bedeutungslosigkeit, wie jeder hören kann.

Defries hat allerdings Bohnen in den Ohren und hört nichts. Er
überlegt, ob die britische Version des Albums, das dessen Schöpfer
noch *Metrobolist* nennt, obwohl die Amerikaner es als *The Man Who
Sold the World* kennen, nicht ebenfalls *Holy Holy* heißen soll, wenn es
denn endlich mal herauskommt, weil er Kapital aus Davids nächs-
tem Hit − seines Erachtens − Kapital schlagen möchte, der kurz
nach Neujahr erscheinen soll. Defries heuert einen außenstehenden
Promoter an, der vorschlägt, die Nummer als „gespenstische" erste
Auskopplung zu bewerben − wahr lediglich dahingehend, dass sie an
eine spiritistische Sitzung zum Beschwören von Mick Ronsons ver-
schollenem Geist denken lässt. Andere Angestellte von Gem hören

allzu deutlich, dass da niemand ist. „Holy Holy" bleibt sogar fürs Frühstücksfernsehen unspielbar, noch weniger tanzbar als Pan's People und ketzerisch unverkäuflich. Die Seventies werden nichts davon wissen wollen.

Zwei Tage später, während Led Zeppelin im selben Studio in Notting Hill, das David gerade geräumt hat, Dämme brechen lassen, bereitet sich Marc anderthalb Kilometer weiter in White City, wo Pan's People gerade Dehnübungen machen, um ihre Glieder zu „Voodoo Chile" zu verrenken, auf seine Krönung zum Pop-König des Landes vor. „Ride a White Swan" ist in die Charts eingestiegen. Letzte Woche auf der 37, in dieser steht es auf der 31. Der Presse gefällt es, ob *Disc* oder *Melody Maker*, wo es heißt: „Wahrscheinlich der größte Fortschritt in Sachen Single-Produktion, seitdem der Österreicher Gustav von Pickup 1937 erstmals die Möglichkeiten des dreieckigen Kupferzylinders aufzeigte." Auch die DJs fahren darauf ab, sei es bei Blackburn im Morgenprogramm oder an Wochenenden bei Rosko. Jeder mag es außer Alan Price, der denkt: „Es klingt nach diesem Mungo Jerry." Sein letzter Top-10-Hit liegt drei Jahre zurück, und den Grund dafür verdeutlicht seine Einschätzung, „Ride a White Swan" sei „eintönig", denn in T. Rex erkennt er das Exekutionskommando seines obsoleten Selbst. Häute lädt Marc das Gewehr, morgen um fünf nach sieben wird auf BBC abgedrückt. Marc ist *Top of the Pops*.

Erst letzte Woche hat er Ihrer Hifi-Hoheit Penny Valentine gesteckt, er würde nicht damit rechnen, dass man T. Rex in der Sendung auftreten ließe. „Die Leute dort halten uns bestimmt für Verrückte." Vielleicht hat er nicht daran gedacht, dass bei *Top of the Pops* niemand verrückter ist als Jimmy Savile.

„Jimmy Savile zu sein hat was für sich", prahlt der Nämliche. „Auch Macht, wenn man sie für sich und andere einzusetzen weiß. Manchmal kannst du sogar Leute übers Ohr hauen." Das versucht Jim diese Woche beim *NME*. In einer der letzten Folgen fragte er eine junge Schwarze im Studiopublikum, woher sie komme. „Hammersmith", antwortete sie. „Wäre ich nicht drauf gekommen", frotzelte er da. Die Zeitschrift unterstellte daraufhin, er sei ein Rassist. Jim forderte moralisch gekränkt eine Entschuldigung. „Solche Bemerkungen mache ich seit Jahren, sie haben nichts zu bedeuten. Sie plötzlich mit furchtbaren Rassegedanken aufzuladen ist nahezu unglaublich!" Genauso wie Jims Bemerkung in einem anderen Musikmagazin, er habe kürzlich eine Stereoanlage zum halben Preis in einem Geschäft ergaunert, indem er vorgab, sie für eine Disco in der forensisch-psychiatrischen Klinik Broadmoor zu brauchen. „Weil er Jimmy Savile ist, kommt er mit einem Mord davon", belustigt sich der Interviewer von *Disc*. Die Geschichte verschließt die Ohren und Augen vor denjenigen, die sich in aller Öffentlichkeit verstecken.

Zum Glück für Marc fällt sein Debüt bei *Top of the Pops* im wöchentlichen Turnus auf einen Tag, an dem Blackburn moderiert. Zu den anderen geladenen Gästen gehören The Move, die Bee Gees und Dave Edmunds, dessen „I Hear You Knocking" bald auf dem ersten Platz der Charts einfrieren wird bis zum ersten Tau im Januar. Das Lied markiert einen Rücksprung in die rockenden Fifties, wohingegen T. Rex die Fifties in die herbe Gegenwart treten. Die meisten Zuschauer sehen Marc zum ersten Mal: ein lockiger, engelsgleicher Schäker mit freiem Oberkörper unter einer Latzhose aus blauem Samt, der eine bis aufs Holz abgeschliffene Les Paul schwingt und unter den Scheinwerfern genauso goldig glänzt wie das Instrument. Auch zum ersten Mal läuft ihnen das Wasser im Mund zusammen, da sie Mickey sehen, der rechts neben Marc sitzt und so tut, als würde er Bass spielen; das kann er nicht, aber wem vor der Mattscheibe das Blut zu Kopf steigt, der schaut nicht gebannt auf seine Greifhand. T. Rex sind ein Erlebnis, als würde man einen neuen Knopf am Fernseher entdecken, mit dem man nie zuvor Gesehenes und Gehörtes wahrnehmbar machen kann. Eine Kristallkugel zum Schauen in einen neuen Garten Eden.

Die Kids sehen am weitesten und hören es am deutlichsten. Marc weiß genau, dass sie diejenigen sind, denen die gesamte Power des Rock 'n' Roll gehört. So war es schon immer. Er selbst spürte sie mit neun Jahren zitternd am Boden seines Zimmers, als er den Engel des Herrn „Blue Suede Shoes" singen hörte. Sein Lebensweg wurde vorgegeben, ehe der erste Tropfen Alkohol auf den Boden des alten Einmachglases traf. Der Rock 'n' Roll war der Zirkus seiner zügellosen Träume. Er wartete auf die erstbeste Gelegenheit und zog mit ihm davon. Ohne die Kids gibt es allerdings keinen Zirkus. Marc, der nun der Zirkusdirektor des Rock 'n' Roll ist, braucht jene Kids. Die von der Außenwelt abgeschnittenen in Thamesmead, Bransholme, Toxteth, Castlemilk, Splott und dem hintersten Winkel von Hastdunichtgesehn, deren materieller Einsatz für Popmusik immerzu von ihrem Taschengeld und der Entfernung zum nächsten Woolworth abhängt. Die mit großen Träumen und nichts zu essen. Drum wird Mark sie retten.

Sein Masterplan besteht darin, T. Rex nicht nur zur größten Rock-'n'-Roll-Band zu machen, die sie je gehört haben, sondern auch zur erschwinglichsten. Er gibt ihnen die Sterne und verlangt einen Kiesel dafür. Da die Kids zu wenig Kohle haben, um Alben zu kaufen, wird er beginnend mit „Ride a White Swan" jede Single mit drei Tracks bestücken – ergo *zwei* B-Seiten, das Maximum an Musik für ihre Mäuse. Konzerte wiederum können sich die Kids leisten, also organisiert er eine Tour, auf der die Karten zu Schnäppchenpreisen gehandelt werden. „Den Kids bringt es mehr, wenn wir das günstiger aufziehen können", erklärt Marc. „T. REX SPIELEN WALDROCK FÜR DIE KINDER DES UNIVERSUMS", steht in der Ankündigung.

„T. Rex *sind* unser Universum", sagen die Kids.

Top of the Pops katapultiert „Ride a White Swan" in die Top 20, womit sich das Duo um einen weiteren Besuch ohne Savile verdient macht. Marc vergleicht es mit einem Film von Fellini. Nicht mehr lange, und er findet sein *dolce vita*: In der darauffolgenden Woche stehen sie in den Top 10.

„Mehr als alles andere habe ich mir immer einen Hit gewünscht", gibt er zu. „Fast hätte ich es aufgegeben, doch die Götter haben es sehr gut mit mir gemeint. Alles ist wunderbar passend zusammengekommen."

Dank der Gewogenheit der Götter kommt Marc im Adonis-Kalender von *Honey* mit Steve McQueen, Paul Newman, Robert Redford und Elvis zusammen. Benommen vor Freude behauptet er, „Swans" sei die erste gewonnene Schlacht auf einem heiligen Pop-Kreuzzug. Die Medien fragen, wer der Feind sei. „Songwriter wie Tony Macaulay." T. Rex sind die Kavallerie, die anrückt, um alle Edison Lighthouses niederzureißen.

„Das zu sagen war echt nicht klug von ihnen", schimpft Macaulay. „Wir managen sie doch, oder meine Firma tut es. Ich bin nie so weit heruntergekommen, dass ich bei Mungo Jerry abkupfern musste, und habe weder je auf zwei Akkorde noch auf piepsige Stimmchen gesetzt. Sie bringen nichts weiter fertig als künstlichen Pop und verkaufen ihn gern als Underground-Musik."

Macaulay ärgert sich berechtigterweise. Sein Exfreundin Anya brachte T. Rex in ihrer Tätigkeit als unabhängige Radiopromoterin in die Charts. Erschwerend hinzu kommt, dass seine jüngste Komposition „Blame It on the Pony Express", die er beinahe Edison Lighthouse und letztlich Johnny Johnson & His Bandwagon gegeben hat, in dieser Woche drei Plätze hinter „Ride a White Swan" liegt. Zudem irrt er sich in Bezug aufs Management. Seine Firma ist Gem; wahrscheinlich verwechselt er Marc mit ihrem anderen Sonderling David Bowie.

Marc zupft sich die Handschuhe von den Fingern und holt mit einem offenen Brief, der auf den Titelseiten der Pop-Zeitschriften Erwähnung findet, zum letzten Schlag aus.

Ich würde Tony Macaulay gerne über zwei Angelegenheiten aufklären, über die bei ihm anscheinend Verwirrung herrscht. Erstens: Weder T. Rex noch unsere Manager stehen in irgendeiner Weise mit Mr. Macaulay in Verbindung. Zweitens bin ich der Meinung, dass uns niemand, der die Musikszene in den letzten drei Jahren nur am Rande verfolgt hat, ernsthaft vorwerfen kann, Mungo Jerry zu kopieren. Tony Macaulays Bemerkungen zeigen allzu deutlich, dass er wenig von T. Rex oder unserer Musik weiß – aber gebt die Schuld nicht dem Pony-Express.
Liebe wächst,
Marc Bolan

Schlechtgemacht, verteufelt, verspottet und schikaniert. Den Brüdern und Schwestern reicht es. Noch einer von ihnen, der Junge Liberale Louis, wurde in flagranti beim Anmachen in einem Park in Islington erwischt. Die Bullen sprechen von Belästigung, die Brüder und Schwestern werfen ihnen Provokation einer strafbaren Handlung vor. Louis möchte den Rummel nicht, doch die Brüder und Schwestern wünschen sich Befreiung und kämpfen in seinem Namen dafür.

Am Freitagabend beobachtet man durch zugezogene Vorhänge, wie 150 von ihnen mit Fackeln umherziehen. Brüder Hand in Hand und Schwestern, die einander küssen. Sie halten Ballons und Kerzen, während sie „GAY IST GUT!" und „DAS HERZ SCHLÄGT LINKS!" singen. Eine Traube Reporter schaut zu und lauscht den beängstigenden Forderungen dieser marschierenden Freigeister. Gegen Diskriminierung Homosexueller auf der Straße und am Arbeitsplatz. Gegen ausschließlich heterosexuelle Sexualkunde in Schulen und die Bewertung von Homosexualität als Geisteskrankheit. Für die Gleichsetzung des Mündigkeitsalters homosexueller und heterosexueller Männer. Für eine völlig normale Behandlung von Menschen, die sich zu einer Person ihres eigenen Geschlechts hingezogen fühlen.

„HOMO-RECHT FÜR HOMOSEXUELLE! ALLE MACHT DEN UNTERDRÜCKTEN!"

Die erste Massendemonstration der Gay-Pride-Bewegung endet ohne Festnahmen im Siegesrausch bei einer letzten Runde im The Cock – bis man samstags verkatert einsehen muss, dass nichts, was sich die Journalisten notiert haben, in Druck gegangen ist. Weder in der Regenbogenpresse, die darüber höhnen könnte, oder der *Mail*, die moralisch empört tun würde, noch im *Morning Star*, der sich solidarisch gezeigt hätte, oder bei den Spießern mit Ärmelschonern im *Guardian* und nicht einmal in der Lokalklatschspalte der *Islington Gazette*. Die Gay Liberation Front bleibt noch unbeachtet in einem Land, das große Neuigkeiten mit dem fotografischen Beleg dafür gleichsetzt, dass Monika Dietrich einen Brustumfang von fast einem Meter hat.

Die Front ist enttäuscht, aber kein bisschen überrascht, und reagiert binnen einer Woche mit der Veröffentlichung einer eigenen Flugschrift. „All die sogenannten Schwulenmagazine wie *Jeremy* sind totaler Quatsch", ätzt man in der ersten Ausgabe von *Come Together*, offenbar ohne zu wissen, dass der arme *Jeremy* schon im Sommer nach nur neun Heften das Zeitliche gesegnet hat. „Von nun an werden die Schwulen Großbritanniens ihre Geschichte *selbst* schreiben."

Nach dem Ende der Heimlichtuerei rufen die Brüder und Schwestern eine neue Republik aus. Sie führen diejenigen, die den Mut zum Folgen haben, über sich selbst hinaus in eine Welt des Frohsinns, der Schönheit und der Freiheit …

„Wir werden sie in eine Welt des Frohsinns, der Schönheit und der Freiheit führen."

Die sinnliche, aufregende Garbo übernimmt die Führung. Zur Primetime auf BBC 1. Der Sender, der ihnen in *Steptoe* „Angst vor Schwulen" eingejagt hat, präsentiert nun ein frivoles Trauerspiel um eine bisexuelle schwedische Monarchin im 17. Jahrhundert. Sie küsst eine Gräfin unverblümt auf den Mund und flirtet mit einem drallen Zimmermädchen und verkleidet sich als Mann, sodass sich ein liederlicher spanischer Gesandter in *ihn* verliebt, bevor er sich in *sie* verlieben kann. Als die beiden in einem Landgasthof als „Männer" miteinander ins Bett steigen, hält ein verwirrter Bediensteter sie für Homosexuelle. Garbo bittet schmachtend um Verzeihung dafür, eine Königin zu sein. Und die Uhr zeigt erst Viertel nach neun.

1933 war Greta *Königin Christine*. 1970 ist sie Königin von England, als die BBC unter dem Banner „Garbo die Unvergleichliche" fünf ihrer Filme erstmals in Großbritannien ausstrahlt. Dementsprechend ringt die nationale Presse nach Adjektiven. Die Kunstkritiker in den Sonntagszeitungen, die Stilisten von *19,* Jean Rook in *Sketch* und selbst die Hippies von *Friends*. Jeder Vorwand taugt zu Artikeln über ihre strahlende Schönheit und ansteckende Melancholie oder über den Engländer, der ihr in seinem Testament 5000 Pfund vermacht hat, obwohl sie ihm nie begegnete, und den Franzosen, der in einem

Kino nach vorne gelaufen ist, um ihr Gesicht auf der Leinwand zu küssen, über Richard Burtons Bitte, ihr Knie küssen zu dürfen, sowie das „Ich will allein sein" des größten Stars, der je gelebt hat und sich jetzt mit 65 Jahren in Manhattan vor Paparazzi versteckt.

Draußen ist es kalt. Der erste Dezember der 1970er-Jahre zeichnet ein trostloses Winterbild aus Graupel, Eis und Stromausfällen.

„Schnee ist wie ein weites Meer. Man könnte hinausgehen und sich darin verirren. Die Welt und sich selbst vergessen."

Garbos Augen leuchten auf Davids Kaminsims genauso wie auf der Leinwand. Dies ist sein zweiter Winter in Haddon Hall und sein erstes gemeinsames Weihnachtsfest mit Angie: allein zu zweit und bald zu dritt. In der 14. Woche merkt man Angie die Schwangerschaft nicht an, doch sie plant. Wie immer. Andere Farben: Grün soll zu Rosa werden, Silber zu Gold. Andere Zimmer: Hierher ein Bett rücken, dorthin einen Esstisch. Visionen. Ideen. Wandel.

„Ich bin keine müßige Frau ... Ich muss einen Krieg führen."

Vielleicht laden sie Davids Mutter in diesem Jahr über die Feiertage ein. Die beiden Mrs. Jones müssen einander viel öfter ertragen, seitdem man eine Wohnung für Peggy in der Albemarle Road gefunden hat, die sich bequem zu Fuß erreichen lässt. Angie kommt wohl auch nicht darum herum, irgendwann zur Anstalt zu fahren. Zum Fest ist im Cane eine Menge los, meint Peggy. Weihnachtslieder, Filmvorführungen, Reise nach Jerusalem, Ballonsteigen und sogar ein Kostümball.

„Der Wind ist mit uns."

Zehn vor zehn. Der Wind weht, doch das Land steht im Bann dieser unendlich tiefen Augen. Königin Christine hat ihren Thron aufgegeben, um mit ihrem Geliebten davonzufahren, doch als sie das Schiff erreicht, liegt er tödlich verwundet da. Er stirbt in ihren Armen. Ihre Liebesreise wird zu einem Trauerzug auf See; sie begleitet den Leichnam zurück in seine Heimat, nachdem sie ihre eigene für immer aufgegeben hat. Garbo stellt sich am Bug auf wie eine Galionsfigur – das Abbild einer nordischen Meeresgöttin – und blickt weiter hinaus auf den Ozean, als man in die Zukunft sehen könnte. Stoisch wie aus zwei bodenlosen Schlünden der Einsamkeit, die mit einer dünnen Eisschicht überzogen sind.

David schaut genauso drein, als er erfährt, das Marc nun Popstar ist, und es schmerzt ihn wie der Tod einer Geliebten in seinen Armen, dass *er* vor einem Jahr Popstar war, es jetzt aber nicht mehr ist.

Ultranahaufnahme. Orchestercrescendo. Ausblenden.

ENDE

Oder vielleicht erst der Anfang. In Hull müssen eine Les Paul und ein weißer Ritter geborgen werden. Es gibt Texte zu dichten und Wangen zu pudern. Schlachten zu schlagen und Leben zu retten. Ereignisse werfen ihre Schatten voraus. Geschichte muss geschrieben, die Welt erobert werden. Der Zukunft gedacht, und die Vergangenheit vergessen. Geister gehen um. Reuegefühle. Aber immer noch leuchten Sterne, um Wünsche zu erfüllen.

BOWIEDISKOGRAFIE70

Veröffentlichung in Großbritannien, falls nicht anders vermerkt

März:

„The Prettiest Star"

B-Seite: „Conversation Piece"
Mercury MF1135 (mono)
Ursprünglich war „London Bye Ta-Ta" für die A-Seite vorgesehen, die B-Seite wurde 1969 während der Sessions zum Album *David Bowie* aufgenommen.

The World of David Bowie

„Uncle Arthur",„Love You Till Tuesday", „There Is A Happy Land", „Little Bombardier", „Sell Me a Coat", „Silly Boy Blue", „The London Boys" / „Karma Man", „Rubber Band", „Let Me Sleep Beside You", „Come and Buy My Toys", „She's Got Medals", „In The Heat of the Morning", „When I Live My Dream"
Decca PA 58 (mono) SPA 58 (stereo)
Zusammenstellung von Material, das Bowie als Vertragskünstler des Labels Deram zwischen 1966 und '68 aufnahm.

Juni:

„Memory of a Free Festival (Part 1)"

B-Seite „Memory of a Free Festival (Part 2)"
Mercury 6052 026

November [nur USA]:

The Man Who Sold the World
„The Width of a Circle", „All the Madmen", „Black Country Rock",
„After All", „Running Gun Blues", „Saviour Machine", „She Shook
Me Cold", „The Man Who Sold the World", „The Supermen"
Mercury SR-61325

BOWIEQUELLEN70

Persönliche Interviews, Telefongespräche und E-Mail-Korrespondenz des Autors mit Angie Bowie Barnett, John Cambridge, Gerald Chevin, Nita Clarke, Laurence Myers, Tony Visconti, Michael J. Weller und Anya Wilson. Danke an Mark Pritchett für seine kurzfristige Hilfe.

Die Memoiren von Angie Bowie – *Free Spirit* (Mushroom Books 1981) und *Backstage Passes: Life on the Wild Side with David Bowie* (mit Patrick Carr, Putnam 1993), Laurence Myers – *Hunky Dory (Who Knew?)* (B&B Books 2019), Kenneth Pitt – *Bowie: The Pitt Report* (Omnibus Press: 1985), Tony Visconti – *Bowie, Bolan and the Brooklyn Boy* (HarperCollins 2007), Woody Woodmansey – *Spider from Mars: My Life with Bowie* (Sidgwick & Jackson 2016) und *Any Day Now: David Bowie: The London Years 1947–74* (Adelita 2010), Kevin Canns unverzichtbarer Kompass für alle, die Bowie biografisch nachspüren wollen.

Andere Werke: Victoria Broackes und Geoffrey Marsh – *David Bowie Is* (V&A Publications 2013), David Buckley – *Strange Fascination: Bowie: The Definitive Story* (Virgin 2000), Kevin Cann – *David Bowie: A Chronology* (Vermilion 1983), Neil Cossar – *David Bowie: I Was There* (Red Planet 2017), Mary Finnigan – *Psychedelic Suburbia: David Bowie and the Beckenham Arts Lab* (Jorvik Press 2016), Peter und Leni Gillman – *Alias David Bowie* (New English Library 1987), Roger Griffin – *David Bowie: The Golden Years* (Omnibus Press 2016), Jerry Hopkins – *Bowie* (Elm Tree 1985), Dylan Jones – *David Bowie: Ein Leben* (Rowohlt 2018), Lesley-Ann Jones – *Hero: David Bowie* (Hodder & Stoughton 2016) und *Ride a White Swan: The Lives and Death of Marc Bolan* (Hodder & Stoughton 2012), Wendy Leigh – *Bowie: The Biography* (Gallery Books

2016), Cliff McLenehan – *Marc Bolan: 1947-1977 A Chronology* (Helter Skelter 2002), Paul Morley – *The Age of Bowie* (Simon & Schuster 2016), John O'Connell – *Bowies Bücher: Literatur, die sein Leben veränderte (KiWi 2020)*; Chris O'Leary – *Rebel Rebel: All the Songs of David Bowie from '64 to '76* (Zero Books 2015); Mark Paytress – *Bolan: The Rise and Fall of a 20th Century Superstar* (Omnibus Press 2006), Norman J. Sheffield – *Life on Two Legs: Set the Record Straight* (Trident Publishing 2013), George Tremlett – *The David Bowie Story* (Futura 1974), Paul Trynka – *Starman: David Bowie: The Definitive Biography* (Sphere 2011), Aubrey Walter (Hg.) – *Come Together: The Years of Gay Liberation 1970-73* (Gay Men's Press 1980), Weird & Gilly – *Mick Ronson: The Spider with the Platinum Hair* (Independent Music Press 2009), Michael J. Weller – *Metrobolist: Five Chapters, a Series of Chapbooks* (Home Baked Books 2015).

Informationen über das Cane Hill Hospital von Zeitzeugen, aus Pam Buttreys *Cane Hill Hospital: The Tower on the Hill* (Aubrey Warbash Publishing 2010) und dank Lindsay Ould vom Museum Croydon. Die Namen aller Bewohner der Anstalt außer Terry Burns wurden geändert. Weitere Referenzen: R. D. Laings *Das geteilte Selbst. Eine existentielle Studie über geistige Gesundheit und Wahnsinn* (1960), *Sanity, Madness and the Family* (mit Aaron Esterson, 1964) und *Phänomenologie der Erfahrung* (1967).

Verwendete TV-Quellen: *Doomwatch*: „Survival Code" (BBC 1970) von Kit Pedler und Gerry Davis, *Königin Christine* (MGM 1933) von S. N. Behrman, Salka Viertel und Ben Hecht, *Steptoe & Son*: „Any Old Iron" (BBC 1970) von Ray Galton und Alan Simpson.

Zeitungen und Zeitschriften: Landesweit: *Daily Express, Daily Mail, Daily Mirror, Daily Sketch, The Guardian, News of the World, Radio Times, The Sun, The Sunday Times* (auch *ST Magazine*), *The Times, TV Times*. Regional: *Beckenham Journal, Bromley & Kentish Evening Times, Evening Standard* (London), *Hull & Yorkshire Times, Press & Journal* (Aberdeen). Pop/Jugend: *Disc & Music Echo, Fabulous 208, Honey, Jackie, Melody Maker, Mirabelle, Music Now, New Musical Express, 19, Rave, Record Mirror, Sounds* (ab Oktober 1970); besonderen Dank an Tom Sheehan, der sein Archiv öffnete.

Gegenkultur/Homosexualität: *Come Together, Friends, International Times, Jeremy* (neun Ausgaben von September 1969 bis Mai 1970), *Time Out* (Londoner Programmzeitschrift, 1970 noch mit der Untergrundpresse verbunden).

Danke an Ali Costelloe, Peter Myers und Neil Parkinson vom Royal College of Art für zusätzliche Vermittlung, Klarstellungen und Hinweise.

BOWIE**BILDNACHWEISE**70

TITELBILD
David in den Trident Studios. St. Anne's Court, Soho in London, Mai 1970 (© Rolf Adlercreutz/Alamy).

S. 1
David in Haddon Hall in Beckenham, Herbst 1970 (© Pictorial Press Ltd./Alamy).

S. 2–3
Oben (v. l. n. r.): George Best, Mann des Jahres 1970 (© Popperfoto/ Getty); Susan George, Frau des Jahres 1970 (© Alan Houghton/ Shutterstock); David und sein schönster Stern Angie an ihrem Hochzeitstag in Bromley, 20. März 1970 (© Pictorial Press Ltd./ Alamy).
Unten (v. l. n. r.): Einer von vielen landesweiten Proteste in den USA gegen das Midikleid, Miami im Juli 1970 (© Jim Kirlin/AP/Shutterstock); ein Model präsentiert eine von Mr. Fishs jüngsten Absonderlichkeiten im Piccadilly Circus, März 1970 (© Trinity Mirror/ Mirrorpix/Alamy); nackte Tatsachen beim Isle of Wight Festival, 1970 (© Sipa/Shutterstock).

S. 4–5
Links: Bowie raucht in Soho, 1970 (© Rolf Adlercreutz/Alamy).
Rechts: Garbo raucht in Hollywood, 1930 (© MGM/Kobal/Shutterstock).

S. 6–7

Oben (v. l. n. r.): Robert Powell als englischer Märtyrer Toby Wren (© BBC Photo Sales); der einsame Anthony Newley (© Studio Canal/ Shutterstock); in der umgebauten Küche von Haddon Hall, 1970 (© Pictorial Press Ltd./Alamy).

Unten (v. l. n. r.): T. Rex; Sexgötter Marc Bolan und Mickey Finn (© Gijsbert Hanekroot/Redferns/Getty); Die Amüsierlokale von St. Anne's Court in Soho, knapp 450 Meter von den Trident Studios an der Einfahrt in die Dean Street entfernt, Februar 1970 (© Aubrey Hart/Evening News/Shutterstock); die Geburt des Grunge (© Pictorial Press Ltd./Alamy).

S. 8

David starrt ins Leere, Garten von Haddon Hall, Beckenham im Herbst 1970 (© Pictorial Press Ltd./Alamy).

Fotorecherche und Layout-Konzept: Simon Goddard

DANKSAGUNG

Angie Bowie Barnett für ihre Überlegungen, die Gespräche und Überlegungen zu diesen Gesprächen.

John Cambridge, die für Bowies Geschichte wichtigste Person in Hull und treueste Seele des Nordens.

Michael J. Weller dafür, dass er mir seine wunderbare Welt und die Früchte gezeigt hat, die sie treibt.

Der Stadt Hull mit der Liebe von jemandem, der dort gelebt hat. Weder Bowie noch ich hätten ohne dich tun können, was wir getan haben.

David Barraclough von Omnibus Press für die ursprüngliche Idee und Kevin Pocklington von The North Literary Agency für die Umsetzung.

Die drei Grazien – Alison Rae, die mir Beine gemacht hat, sowie Imogen Gordon Clark und Debra Geddes von Great Northern PR.

Sylv und unseren Freunden dafür, dass es euch gibt.